Fünf-Minuten Geschichten

Geschichten
von Brigitte Hoffmann
und Lena Steinfeld

Illustrationen
von Maja Wagner

Schwager & Steinlein

Inhalt

Große Überraschung an Theas Geburtstag

„Kommt ihr zu meiner Geburtstagsfeier?", fragt Thea.

„Na klar!", rufen Leonie, Cem, Karl und Freya. Thea verteilt die Einladungskarten.

„Die hab ich selbst gemalt", erzählt sie stolz. „Eure Namen hab ich auch selber

geschrieben. Nur die anderen Sachen hat Mama aufgeschrieben."

„Toll!", staunen ihre Freunde.

Leonie betrachtet den Frosch auf ihrer Einladungskarte. Frösche sind

Theas Lieblingstiere. Deshalb hat jede Karte einen Frosch in einer anderen

Farbe bekommen. Aber alle haben Kulleraugen und ein breites Lächeln im Gesicht. Thea ist schon ganz aufgeregt. Sie freut sich so auf ihre Feier!

Nach dem Kindergarten bastelt sie am Küchentisch weiter für ihr Fest. Sie ist so vertieft, dass sie die Türklingel gar nicht hört. Plötzlich stehen Freya, Karl, Leonie und Cem vor ihr.

„Kommst du mit Ball spielen?", fragt Cem. „Wir haben auf der Wiese ein Tor aufgebaut."

Thea schüttelt den Kopf. „Ich hab keine Zeit", sagt sie.

„Was wird das denn?", will Karl wissen.

„Das werden Tischkärtchen", erklärt Thea und zeigt die Papierfrösche, die sie gebastelt hat. „Dann wissen morgen auf meinem Fest alle, wo ihre Sitzplätze sind."

„Wir sind doch nur fünf Kinder", ruft Leonie. „Dafür brauchen wir doch keine Karten."

Theas Miene verfinstert sich. „Brauchen wir doch", entgegnet sie.

„Und warum wieder Frösche?", fragt Freya. „Wir haben doch schon Einladungskarten mit Fröschen bekommen. Ponys oder Tiger sind doch auch toll."

Jetzt wird Thea sauer. Aber richtig! Sie hat sich solche Mühe gegeben. Sie verschränkt die Arme vor der Brust und schiebt die Unterlippe vor.

„Wenn ihr das alles so blöd findet, dann braucht ihr ja nicht zu kommen",
schimpft sie.

„Wieso blöd?", ruft Cem. „Wir haben doch nur gefragt. Dürfen wir das
etwa nicht?"

„Ihr habt nur gemeckert", gibt Thea wütend zurück. „Wisst ihr was?
Ich feiere morgen alleine. Ihr braucht gar nicht zu kommen."

Für einen Moment ist es ganz still. Leonie, Karl, Cem und Freya gucken sich an.
Dann reden alle gleichzeitig durcheinander. Doch Thea will gar nicht hören,
was ihre Freunde sagen. Sie hält sich die Ohren zu und rennt in ihr Zimmer.
RUMMS! Schon knallt die Tür zu.

Als Thea am nächsten Tag mit Papa aus dem Kindergarten kommt, lächelt Mama.
„Sieh mal, Thea, ich habe schon den Tisch für deine Feier gedeckt", sagt sie.
Der Geburtstagstisch im Wohnzimmer sieht aus, wie Thea es sich vorgestellt hat.
Fünf grüne Teller mit fünf grünen Bechern und grünen Servietten stehen
auf dem Tisch. Und mittendrin eine
riesengroße Schokoladentorte mit
grünen Fröschen darauf
und fünf Kerzen.

Thea ist immer noch wütend auf ihre Freunde. Den ganzen Tag ist sie ihnen im Kindergarten aus dem Weg gegangen.

„Das kannst du gleich wieder einpacken", sagt sie zu Mama. „Die finden meine Frösche doof. Deswegen hab ich alle ausgeladen."

„Aber Thea", sagt Mama und nimmt Thea ganz fest in die Arme. „Die vier sind doch deine besten Freunde. Das haben sie bestimmt nicht so gemeint. Und du hast dich so auf dein Geburtstagsfest gefreut."

Doch Thea lässt sich nicht umstimmen.

Sie schnappt sich ihren Plüschfrosch Theo und stapft mit ihm die Treppe hoch.

Thea klettert auf ihr Hochbett und lässt die Füße baumeln. Theo baumelt mit.

„Die sind alle doof", schimpft Thea. „Wie kann man nur Frösche nicht mögen?"

Theo wackelt ein bisschen zur Antwort, als Thea ihn anstupst.

Von draußen hört sie lautes Gelächter. Jetzt spielen sie bestimmt alle Ball, denkt Thea und ist ganz schön traurig. Sie hat sich so tolle Sachen für ihre Freunde ausgedacht. Ob sie vielleicht doch hinuntergeht?

Unschlüssig starrt Thea aus dem Fenster. Was ihre Freunde wohl sagen, wenn sie sie wieder einlädt?

Da klingelt es an der Tür. Das ist bestimmt ein Zeichen! Thea schnappt sich Theo und klettert mit ihm das Bett hinunter. In Sekundenschnelle ist sie unten. Als sie die Tür aufreißt, macht sie große Augen. Da ist niemand!

Von irgendwoher hört sie ein Kichern. Jetzt machen die auch noch Klingelstreiche, denkt Thea böse.

Da ruft Mama aus dem Wohnzimmer:

„Thea, kommst du mal bitte?"

Mit gesenktem Kopf schlurft Thea hinüber.

Als sie die Tür zum Wohnzimmer öffnet, ist es ganz still. Verwundert schaut Thea hinüber zum Geburtstagstisch. Wo ist denn Mama?

„Alles Gute, Geburtstagskind! QUAK, QUAK!",

rufen plötzlich alle, und unterm Tisch springen Karl, Cem, Freya und Leonie hervor.

„Überraschung!"

Alle ihre Freunde umringen Thea und gratulieren ihr. Thea weiß vor Freude gar nicht, was sie sagen soll.

„Ihr seid ja als Frösche verkleidet",

sagt sie kichernd, denn alle vier tragen grüne Froschkostüme.

„Schön, nicht?",
meint Freya. „Und hier
ist dein Geschenk."
Sie überreicht Thea
ein großes Paket.
Neugierig löst Thea
die Schleife.
„Ein Froschkostüm!",
staunt sie. So eine
Überraschung!

Und dann wird
gefeiert – ein
richtig fröhliches
Frösche-Geburtstagsfest.
Mit Schokoladentorte
und Fröschen!

Zwei Streithähne werden ein Team

Ein Riese ging eines schönen Nachmittags zum Badesee. Weil er in der Sommerhitze so viel Limonade trank, musste er irgendwann dringend auf die Toilette. Es gab aber nur ein Klo, das groß genug für ihn war. Und ausgerechnet dieses Klo war besetzt. Ungeduldig klopfte er an die Türe.

„Moment! Geduld!", rief ein hohes Stimmchen aus dem Inneren.

Der Riese trat von einem Fuß auf den anderen. Geduldig zu warten fällt Riesen besonders schwer, denn im Allgemeinen bekommen sie immer Vortritt.

Endlich trippelte ein winziger Zwerg aus der Kabine, der sich noch nicht einmal die Mühe machte, die Türe zu öffnen. Er passte – aufrecht gehend – darunter hindurch!

Der Riese wurde wütend, als er das sah.

„Wir sprechen uns noch!", herrschte er den Zwerg an, ging in die Kabine und schloss die Türe hinter sich. Jeder andere wäre weggelaufen. Aber dieser Zwerg war besonders mutig.

Er verschränkte die Arme, blieb seelenruhig vor der Kabine stehen und wartete, bis der Riese fertig war. Der Riese schimpfte:

„Was fällt dir ein, du Winzling? Wegen dir habe ich mir fast in die Hose gemacht. Du kannst dich hinter jedem Grasbüschel verstecken und dort vollkommen unbemerkt dein Bächlein machen."

„Pah, ich hab die gleichen Rechte wie du", erwiderte der Zwerg. „Was kannst du denn schon, außer groß sein und rumschimpfen?"

11

Diese Herausforderung kam dem Riesen gerade recht. „Ich kann lauter brüllen als zehn Löwen", polterte er und brüllte lauter als zehn Löwen.

„Das ist noch gar nichts!", piepste der Zwerg. „Dafür bin ich viel schlauer als du. Ich beherrsche sogar die Ameisensprache!"

Er begann in einer seltsamen Sprache zu wispern, und unter der Kabine marschierte eine ganze Ameisenkarawane hervor. Sie folgte dem Zwerg auf Schritt und Tritt, bis er zu wispern aufhörte.

Der Zwerg sah zum Riesen hinauf und rief: „Na? Was kannst du noch?"

„Ich bin der Allerstärkste!", verkündete der Riese. „Ich kann vier Lastwagen auf einmal heben!" Er packte den Zwerg am Kragen und trug ihn zur nächsten Autobahn. Dort setzte er ihn auf den Randstreifen, pflückte nacheinander vier Lastwagen von der Fahrbahn und trug sie alle in seinen Armen. Die Fahrer hupten wie wild und gaben so viel Gas, dass die Reifen ihrer Laster durchdrehten, aber es nützte ihnen nichts. Sie mussten warten, bis der Riese sie wieder auf die Fahrbahn zurücksetzte, wo sie eilig davonfuhren.

„Das ist noch gar nichts!", piepste der Zwerg. „Dafür bin ich viel geschickter als du. Ich kann auf einer Kaulquappe Rodeo reiten!" Er watete in eine kleine Pfütze hinein, sprang auf den Rücken einer Kaulquappe und ritt auf ihr, ohne hinunterzufallen. Am Ende sprang er mit einem eleganten Satz ans Ufer zurück.

Der Riese kratzte sich am Kopf. So etwas hatte er noch nie gesehen. Wie konnte das gehen? Zumal Kaulquappen doch so glitschig sind.

Der Zwerg platzte fast vor Stolz über seine gelungene Darbietung.

„Na?", rief er zum Riesen hinauf. „Was kannst du noch?"

„Ich kann mehr essen, als jeder andere", dröhnte der Riese.

„Ich schaffe 5000 Marmeladenbrote in zehn Minuten."

Diesmal trug er den Zwerg zum nächsten Supermarkt. Dort kaufte er 250 Brotlaibe, 100 Pakete Butter und 300 Gläser Erdbeermarmelade. Fünf Supermarktverkäufer und ein kleines Mädchen mussten drei Stunden lang beim Schmieren der Brote helfen. Anschließend verschlang der Riese sie alle in acht Minuten und 46 Sekunden.

„Nicht schlecht", gestand der Zwerg ein. „Trotzdem: Das ist noch gar nichts. Dafür bin ich viel … überraschender als du."

Er kletterte auf die Füße des Riesen und kitzelte ihn dort, wo Riesen am allerkitzeligsten sind: zwischen den Zehen. Der Riese musste so doll lachen, dass ihm die Luft wegblieb. Als er endlich wieder zu Atem kam, wurde er sehr wütend.

„Ich kann stärker blasen als ein Orkan!", donnerte er, stellte sich vor den Supermarkt und blies seine Backen auf. Rundum wurden Häuser abgedeckt und Bäume entwurzelt.

„Das ist doch noch gar nichts!", fing der Zwerg wieder an, aber da fiel ihm das kleine Mädchen, das die Erdbeerbrote mitgeschmiert hatte, ins Wort: „Jetzt reicht es aber!", schimpfte es die beiden Streithähne aus.

„Du Tollpatsch von einem Riesen: Räum sofort auf! Und du Angeber von einem

Zwerg: Hör auf, den Riesen zu reizen, sonst nehme ich dich mit nach Hause

und sperre dich für immer in meinen Hamsterkäfig ein!"

Au weia, das wollte der Zwerg nun wirklich nicht.

„Frieden?", sagte er zum Riesen und streckte ihm seine winzige Hand hin.

Der Riese schämte sich und schlug ein. Dann räumten sie gemeinsam die Stadt

auf; der Zwerg saß auf der Schulter des Riesen und sagte ihm immer,

was er als nächstes tun sollte.

So wurden die beiden

ein fabelhaftes Team.

Vier Freunde und ein Rennboot

„Wo sind Lars und Finja?", fragt Carlotta.

Silas zuckt die Schultern. „Die sind gleich nach dem Mittagessen weggelaufen",
beschwert er sich. „Dabei wollten wir doch heute alle zusammen Fußball spielen!"

Auch Carlotta ärgert sich. „Komm, wir fragen sie noch mal. Hast du gesehen,
wohin sie gegangen sind?"

Silas zeigt zu dem kleinen Wald, der direkt an die Häuserreihe grenzt, in der die
vier Freunde wohnen. „Aber ich glaube, die beiden wollen heute allein spielen."

„Ach was, wir probieren es einfach", meint Carlotta und zieht Silas mit
sich Richtung Wäldchen.

Kurz darauf hören sie ein lautes Surren. „Was ist das denn?", wundert sich Silas.

Neugierig spähen die beiden zwischen den Bäumen hindurch.

„Das Geräusch kommt vom Teich", sagt Carlotta und rennt los.

Als sie den Teich mitten im Wäldchen erreichen, entdecken sie Lars und Finja sofort. Die beiden hocken am Ufer und basteln an einem Rennboot herum.

„Woher habt ihr das denn?", ruft Silas neugierig.

„Das hat Papa unten im Keller gefunden", erzählt Finja. „Und jetzt wollen wir es ausprobieren."

„Können wir mitmachen?", fragt Carlotta.

Finja und Lars schauen sich an, dann schütteln sie die Köpfe. Gleichzeitig.

„Nee, das geht nicht", meint Lars. „Wir wollen das Boot abwechselnd fahren lassen." Er zeigt Carlotta und Silas die Fernbedienung, mit der er das Boot steuern kann. „Aber wenn wir vier Leute sind, dauert es viel länger, bis man mit dem Fahren dran ist."

„Na, und? Das ist doch egal!"
Silas ist enttäuscht. „Wir spielen
doch sonst immer zusammen."
Aber Lars und Finja hören gar nicht
mehr zu. Die beiden haben
sich schon wieder über die
Fernbedienung gebeugt und
fummeln an dem
Steuerhebel
herum.
Silas und
Carlotta schauen
sich ratlos an.

„Und nun?", fragt Silas leise.

„Wir machen auch was allein", bestimmt Carlotta. „Was ganz Tolles!"

Nur was? Im Schneckentempo umrunden die beiden den Teich.

Auf der anderen Seite setzen sie sich auf einen Baumstamm und starren

trübsinnig ins Wasser. Silas schaut hinüber

zu Lars und Finja. Die beiden haben

eben ihr Boot wieder ins Wasser

gesetzt und versuchen

nun, es im Kreis

herumfahren zu lassen.

Ärgerlich hebt Silas einige Blätter und Rindenstücke auf und wirft sie
in den Teich. „Das ist echt gemein von denen", schimpft er.

Carlotta nickt. „Das finde ich auch."

Gedankenverloren blickt sie ins Wasser.

Plötzlich springt Carlotta auf. „Silas, sieh mal!

Die schwimmen ja!" Aufgeregt hüpft sie

am Ufer auf und ab. „Jetzt weiß ich,

was wir machen! Wir bauen uns

unsere eigenen Boote."

Silas versteht nur Bahnhof.

„Was schwimmt? Und wie sollen

wir uns selbst Boote bauen?",

fragt er zweifelnd.

„Das klappt doch nie."

„Doch!", ruft

Carlotta. „Das hab

ich neulich in einer

Kinderzeitschrift

gesehen. Es ist ganz

einfach." Sie zeigt auf die

Rindenstückchen, die vor ihnen im Teich dümpeln. „Rinde schwimmt nämlich.

Komm, wir suchen uns größere Stücke."

Die beiden machen sich sofort auf die Suche nach abgefallenen Baumrinden.

„Jetzt brauchen wir nur noch Segel", meint Carlotta, als vor ihnen
ein kleiner Haufen Rindenstücke liegt.

„Die Segel machen wir aus Blättern", schlägt Silas
vor, „die spießen wir dann auf einen Mast aus
dünnen Zweigen und stecken sie in die Rinde."

„Jetzt bin ich gespannt, wie die Boote schwimmen",
sagt Silas, als sie die Rindenschiffe fertig gebaut haben.
Vorsichtig lassen sie die Boote in den Teich gleiten.

„Es klappt!", jubelt Carlotta.

„Die sehen wirklich toll aus", findet Silas.
Stolz beobachten die beiden, wie ihre Rindenschiffe
langsam über den Teich segeln.

Da fällt Silas auf, dass es schon lange ganz schön
still ist. Wo sind denn Finja und Lars und ihr lautes
Rennboot geblieben? In dem Moment hört er ein

Knacken hinter sich. Als er
sich umdreht, entdeckt er
Lars und Finja.

„Was macht ihr denn da?",
fragt Finja.

Lars beugt sich über Carlottas Schulter.

„Das sind unsere Rindenboote",
erklärt Carlotta.

„Die sind ja toll!", rufen Finja und Lars. „Habt ihr die etwa selbst gebaut?

Dürfen wir mitmachen?"

Überrumpelt schauen Silas und Carlotta auf. Damit haben sie jetzt nicht gerechnet.

„Und was ist mit eurem tollen Rennboot?", fragt Carlotta herausfordernd.

„Wollt ihr nicht lieber damit allein spielen?"

„Ach, das ist doof", nuschelt Finja. „Der Motor geht immer aus und es kippt

im Wasser um, das macht gar keinen Spaß."

„Und außerdem", fügt Lars hinzu. „Spielen wir doch viel lieber mit euch."

„Hm, ich weiß nicht …" Carlotta wirft Silas einen Blick zu.

Dann müssen sie lachen. Alle vier.

„Hier sind noch Segel, die wir gebastelt haben", sagt Silas lächelnd und reicht

Finja die Segel. „Kommt mit, dann zeigen wir euch, wo wir die tollsten

Rindenstücke finden können."

Zauberei im Hexenhaus

„Wie sieht es hier denn aus?"
Fiona schlägt die Hände über
dem Kopf zusammen, als sie
in Finchens Zimmer kommt.
Finchen liegt bäuchlings auf
dem Bett und übt das kleine
Hexeneinmaleins.
„Finchen, morgen kommen Oma
und Opa zu Besuch", stöhnt ihre
Mutter. „Vorher musst du unbedingt
dein Zimmer aufräumen."
Finchen schaut sich um.
„Was meinst du denn, Mama?",
fragt sie. „Hier ist es doch gemütlich."
Finchen und Fiona leben erst seit kurzem
in dem kleinen, runden Hexenhaus auf

dem Hügel. In ihrem neuen Zimmer unterm
Dach fühlt Finchen sich pudelwohl.
Es hat alles, was eine kleine Hexe
braucht: einen geräumigen
Schreibtisch zum Malen, eine
Truhe mit lauter Geheimfächern,
eine Nische in der Wand, in der
sich ein gemütliches Bett befindet,
und ein riesiges Fenster, durch das
Finchen die Sterne und den Mond
betrachten kann. Und überall liegt

Krimskrams herum – so gefällt es Finchen am besten.

„Du räumst jetzt sofort auf", sagt Fiona streng.

„Aber ich wollte gleich zum See fliegen", widerspricht Finchen.

„Keine Widerrede!", sagt Fiona energisch. „Bevor du nicht aufräumst,
darfst du nicht nach draußen."

„Aber mir gefällt es so", meint Finchen. „Aufräumen ist soo langweilig. Ich versteh'
gar nicht, warum ich das machen soll." Sie schiebt die Unterlippe vor und schmollt.

Fiona nimmt Finchen in den Arm. „Sieh mal, Finchen, du willst doch
mit Opa deine neue Eisenbahn ausprobieren, oder?"

Finchen nickt.

„Aber dafür ist gar kein Platz im Zimmer", erklärt Fiona. „Deshalb musst du
vorher aufräumen."

Finchen nickt wieder. „Leihst du mir wenigstens deinen Zauberstab?", fragt sie. „Dann geht das Aufräumen viel schneller."

„Du weißt genau, dass du den Zauberstab nicht benutzen darfst", meint Fiona. „Erst musst du die mittlere Hexenprüfung ablegen. Aber bis dahin dauert es noch einige Jahre."

Fiona wirft ihren Umhang über und verabschiedet sich.

„Ich muss einige Besorgungen machen", erklärt sie. „Denk ans Aufräumen, Kleines."

Finchen nickt. „Ich fange gleich an."

Sie wartet, bis Fiona auf ihrem Besen davongeflogen ist, dann schleicht sie hinüber in Fionas Zimmer. Bestimmt hat Mama ihren Zauberstab mitgenommen, denkt Finchen. Aber hier irgendwo muss noch ihr alter Stab sein. Sie öffnet eine Schublade nach der anderen von Fionas Kommode. In der untersten Schublade findet sie den alten Zauberstab.

„Damit geht das Aufräumen blitzeschnell", sagt Finchen zufrieden und klemmt sich den Zauberstab unter den Arm.

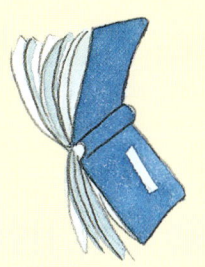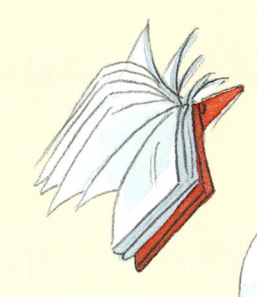

Zurück in ihrem Zimmer probiert sie den Zauberstab gleich aus.

„Alle Bücher an ihren Platz!", befiehlt Finchen.

Schon prallt ein dickes Märchenbuch an ihren Kopf. „Wo kommt das denn

her?", ruft Finchen. Plötzlich schwirren ihre Bücher durch die Luft:

Bilderbücher, Bastelbücher, Geschichtenbücher, Bücher

über Kräuterwissen, Hexentiere und Zaubersprüche.

Finchen reibt sich verdutzt die Augen. Kein einziges Buch steht mehr

im Regal. Dafür sind überall im Zimmer Türme aus Büchern verteilt.

„Na gut, dann probiere ich etwas anderes", meint Finchen und schwingt

den Zauberstab erneut. „Alle Kleider an ihren Platz!"

Die Tür des großen Kleiderschranks springt auf, und alle ihre Kleider schweben

hinaus. Auch die Sachen, die Finchen auf dem Boden verteilt hat, erheben sich

in die Lüfte. „Halt, wo wollt ihr hin?", ruft Finchen entgeistert, als alle Kleider

auf ihr Bett plumpsen. Schon ist die ganze Nische voller Kleider.

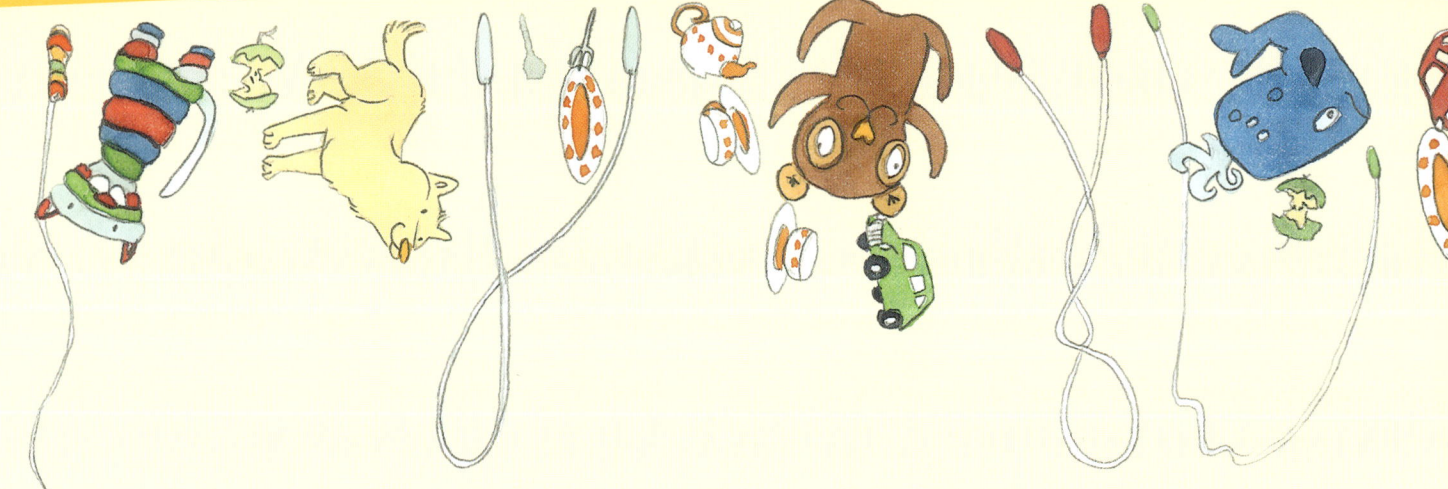

„So geht das nicht", seufzt Finchen. Sie wedelt mit dem Zauberstab und ruft:

„Krimskrams, an seinen Platz!"

Es sirrt und summt. Dann rauschen alle Kuscheltiere, buntes Puppengeschirr, die Spielzeugautos, angebissene Äpfel, Finchens Springseil-Sammlung und anderer Krimskrams an Finchen vorbei. Sie schaut nach oben: Alles hängt an der Zimmerdecke.

„Was mache ich bloß falsch?", schluchzt Finchen und legt den Zauberstab beiseite. Doch der denkt gar nicht daran, aufzuhören.

Finchen verfolgt, wie der Zauberstab durchs Zimmer tanzt: Die Möbel werden zusammengeschoben, die Schuhe kleben an der Wand. Finchen ruft und fuchtelt mit den Armen, doch der Zauberstab achtet gar nicht auf sie. Da springt die Zimmertür auf.

„Was ist denn hier los?", ruft Fiona entgeistert. In dem Moment zischt der Zauberstab, und Fiona hängt kopfüber im Türrahmen.

„Mama!", ruft Finchen. „Ich wollte doch nur aufräumen!"

„Reich mir mal meinen neuen Zauberstab", ächzt Fiona.

Im Handumdrehen hat sie den alten Stab sicher in einer Kiste verstaut.

Dann murmelt Fiona einen weiteren Zauberspruch, und in wenigen Augenblicken sieht Finchens Zimmer fast so aus wie vorher.

Aufatmend sinkt Fiona neben Finchen aufs Bett. „Ich glaube, für heute hast du genug aufgeräumt", sagt sie. „Den Rest machen wir gemeinsam."

Finchen nickt. Vom Aufräumen hat sie erst einmal genug. Sogar, wenn es gezaubert ist. Und die neue Eisenbahn probiert sie mit Opa einfach woanders aus. Am besten bei Mama im Zimmer, da ist so schön viel Platz.

Emma und Dilara halten zusammen

Überall ist Emma die Kleinste. Deswegen ist sie oft ängstlich. Vieles traut sie sich noch nicht. Das macht aber nichts. Denn: Überall ist ihre beste Freundin Dilara die Mutigste. Und stark ist sie auch. Zusammen gehen Emma und Dilara durch dick und dünn. Im Kindergarten traut sich Emma nicht auf das Klettergerüst? Kein Problem! Dilara hält sie einfach gut fest – und schon hangelt Emma sich an den Stangen entlang. „Ich trau mich nicht!", sagt Emma, wenn sie wieder einmal zu schüchtern ist. „Macht nichts", erwidert Dilara dann. Sie stellt sich neben Emma und macht mit ihr zusammen, was sich Emma allein nicht traut.

Eines Tages ist Dilara krank. Sie liegt mit Schnupfen im Bett und kann nicht in den Kindergarten gehen. Emma ist ein bisschen traurig, aber die Erzieherin Sabina hat sich etwas Schönes ausgedacht: „Nehmt euch jeder ein Kuscheltier aus dem Regal, damit machen wir jetzt ein Spiel", sagt Sabina.

„Toll!", jubeln Emma und die anderen Kinder. Alle stürzen zum Regal. Dabei wird Emma zur Seite geschubst.

„Passt doch auf", ruft sie empört, aber die anderen achten gar nicht auf sie. Endlich steht auch sie vor dem Regal. Doch was ist das?

„Da ist fast kein Tier mehr übrig!", beschwert Emma sich. Die oberen Fächer sind leergefegt. Nur auf dem untersten Regalbrett liegt noch ein Tier. Eine Schildkröte, von der sich der Panzer löst. Emma ist echt enttäuscht.

Zum Glück ist Dilara nach wenigen Tagen wieder gesund. Als Emma ihr von der Sache mit der Schildkröte erzählt, überlegt Dilara einen Augenblick. Dann springt sie auf. „Ich hab eine Idee", ruft sie mit glänzenden Augen. „Weißt du was, Emma? Wir holen dir die Stelzen. Dann bist du ganz groß. Und wenn ich mal nicht da bin, steigst du einfach auf die Stelzen, und die anderen können dich nicht mehr umschubsen."

29

Emma ist begeistert. Was für eine tolle Idee! Sie laufen gleich zu Sabina und lassen sich die Stelzen geben. Emma probiert sie gleich aus. „Geht prima", stellt sie glücklich fest.

Dann beginnt die Ferienzeit. „Bald sehen wir uns wieder", verabschiedet sich Dilara von Emma. Denn in der ersten Woche fährt Dilara zu ihrer Großmutter, und gleich danach verreist Emma mit Mama und Papa ans Meer.
Wieder dürfen sich die Kinder im Kindergarten eines der Plüschtiere aussuchen. Sofort stürmen alle los. Emma schnappt sich ihre Stelzen und läuft hinterher. Das klappt ziemlich gut, denn sie hat oft geübt. Doch vor dem Regal gibt es schon wieder ein Gerangel. Emma wird mit den Stelzen zwar nicht mehr zur Seite geschubst, doch sie kann sich im Gedränge kaum auf den Stelzen halten. Jetzt reicht's aber! Emma holt tief Luft: „STOPP!", brüllt sie. „Alle anhalten!" Die anderen Kinder bleiben wie angewurzelt stehen. Verwundert sehen sie

sich an: War das etwa Emma, mit der lauten Stimme? Emma probiert
es gleich noch mal aus: „Das ist unfair!“, brüllt sie. „Ab heute machen
wir das anders mit den Kuscheltieren.“

Und dann zeigt Emma den anderen, wie sie es
besser machen können: Hintereinander anstellen,
und auch die Kleinen mal vorlassen. So bekommt
jeder einmal den großen Bären oder das rosa Pony.
Emma ist zufrieden.

„Ich bin immer noch die Kleinste“, erzählt sie
Mama am Nachmittag, „aber dafür ist meine
Stimme umso größer.“

Von jetzt an ist vieles anders.

Wenn Emma sich etwas nicht
traut, dann fragt sie einfach
einen Größeren.

Auch Dilara freut sich.

„Heute bestellst du für uns das Eis“,
sagt sie, als sie vor dem Tresen
in der Eisdiele stehen.

Emma lacht. „Genau! Und du
reichst es mir herunter.“

Der kleine Pirat kann nicht schlafen

„Ach!", seufzte Antonio. Unruhig wälzte sich der kleine Pirat in seiner Koje hin und her. „Kannst du wieder nicht einschlafen?", fragte seine Freundin Dolores. Sie flatterte zu Antonio und hockte sich auf die Bettdecke. Antonio nickte.

„Warum nicht?", wollte Dolores wissen, während sie ihr prächtiges Papageiengefieder putzte. „Wir sind heute weit gesegelt. Haben in der Regenbogen-Bucht gebadet. Geangelt. Und ein Picknick auf dem Schiffsdeck gemacht. Bist du denn von all dem gar nicht müde?"

„Ach!", seufzte Antonio erneut. Er zog die Bettdecke bis unters Kinn und schloss die Augen. Das war viel zu warm! Er strampelte die Decke von sich, bis sie zusammengeknüllt am Fußende lag.

Vielleicht sollte er Schäfchen zählen? „Eins, zwei, drei …"

Nach dem 27. Schäfchen gab Antonio auf. Er war hellwach.

Da konnte er ebenso gut aufstehen.

Er tappte zu einem Tisch mitten in der Kajüte. Darauf lag

jede Menge Krimskrams: Murmeln, eine Socke,

die gestopft werden musste, ein Taschenmesser,

angebissene Äpfel und vieles mehr. Antonio wühlte

herum, bis er ein vergilbtes Stück Papier hervorzog.

„Aha", krächzte Dolores. „Hab ich es gewusst!

Dir geht die Schatzkarte nicht aus

dem Kopf." Sie rollte mit den Augen.

„Hätten wir sie doch nie

auf dem Piratenmarkt

eingetauscht. Eine

Schatzkarte gegen

eine Salami!

Wer macht

denn sowas?

Holzbein-Hauke

hat dich übers Ohr

gehauen. Hast du

gesehen, wie der Alte

gegrinst hat?"

„Und wenn schon", antwortete Antonio. Stirnrunzelnd studierte er die Schatzkarte: Dunkelblaue Wellen umrahmten eine Insel. Sie war fast rund und bestand vor allem aus hellgelbem Sand. Deshalb hieß sie Zitroneninsel. Eine der Palmen war mit einem krakeligen Kreuz versehen. Wer wohl das Kreuz dorthin gekritzelt hatte? Antonio war sicher: Dort war ein Schatz versteckt! Vielleicht eine Truhe mit Zitroneneis? Oder ein Haufen Goldstücke? Doch wie sollte er auf Schatzsuche gehen? Er wusste nicht einmal, wo die Zitroneninsel überhaupt lag.

„Bestimmt gibt es die Insel gar nicht", zeterte Dolores.

„Das glaub ich nicht", widersprach Antonio. Niedergeschlagen stieg er wieder ins Bett. In der Kajüte war es immer noch heiß und stickig. Antonio grübelte weiter, bis er schließlich unruhig einschlummerte.

„Psst!" Dolores zupfte an seinem Ohr. „Fällt dir nichts auf?", flüsterte sie. Antonio lauschte. Er hörte … gar nichts! Keine Wellen, die gegen das Piratenschiff schlugen. Keinen Wind, der an den Segeln rüttelte. Keine Möwen, die kreischend Fische fingen. Es war still. Unheimlich still.

Antonio richtete sich auf und sah hinaus. Er konnte kaum etwas erkennen,

weil es so neblig war. „Wo sind wir?"

„Ich weiß es nicht", erwiderte Dolores.

Antonio griff nach seinem Säbel. „Komm, wir schauen uns um."

Dolores war nicht begeistert, aber sie folgte ihm hinaus aufs Deck.

Antonio schaute über die Reling. Schließlich gab er sich einen

Ruck und hüpfte einfach von Bord. Er landete in weichem

Sand. Langsam lichtete sich der Nebel.

„Wir sind auf einer Insel", sagte Antonio.

„Sieh mal, die Palmen dort."

Nachdenklich ließ er den feinen, hellgelben

Sand durch die Finger rieseln.

„Weißt du, was ich glaube? Wir haben sie gefunden. Einfach so!"

„Du meinst, das ist …?", fragte Dolores.

„Die Zitroneninsel!", jubelte Antonio, der sein Glück kaum fassen konnte.

„Jetzt gehen wir auf Schatzsuche." Er lief zurück zum Schiff und holte eine Schaufel und die Schatzkarte. Kurz darauf fingen sie unter einer Palme an zu graben.

„Das mit dem Kreuz stimmt nicht", sagte Antonio enttäuscht. „Hier ist nichts."

„Wir suchen unter den anderen Palmen", schlug Dolores vor.

Sie gruben und gruben, bis am Ende des Tages die Sonne unterging.

„Das ist die letzte Palme. Wenn wir hier nichts finden, gibt es keinen Schatz", meinte Antonio. In diesem Moment traf die Schaufel auf etwas Hartes: PLONG!

Eifrig gruben sie weiter, bis sie auf eine Truhe stießen. „Der Schatz!"

Antonio hielt den Atem an. Dolores sah zu, wie er die Truhe öffnete.

„Och, dafür haben wir uns gequält?", schimpfte sie. „Für ein olles Stück Stoff?"

Antonio war begeistert. „Das ist der beste Schatz der Welt!", versicherte

er Dolores. „Glaub mir, das ist nicht nur ein Stück Stoff!"

Kurz darauf stachen sie in See. Neugierig verfolgte Dolores, wie Antonio

den Stoff auf dem Deck von einem Mast zum anderen spannte.

„Eine Hängematte!", staunte sie.

Antonio nickte. Er kletterte in die Hängematte. Dolores kuschelte
sich an seinen Bauch. Über dem Meer leuchtete der Vollmond.
Wie ein Käse. Nur die Löcher fehlten. Eine Brise bauschte die
Segel. Die Hängematte schaukelte Antonio sanft hin und her.
Er gähnte, und dann schlief er fest ein.

37

Aufregung
um das blaue Auto

Oma Lisas Schokoladenkuchen ist der beste der Welt. Da sind sich Leon und Mira einig. Er schmeckt saftig und hat viele kleine Schokostückchen drin, die man auf der Zunge schmelzen lassen kann. Dazu gibt es immer frisch gepressten Orangensaft.

Heute ist so ein Oma-Lisa-Schokoladenkuchen-Tag! Mama wird Leon und Mira früher aus der Kita abholen und mit ihnen zur Oma fahren.

Es ist soweit! Mira und Leon klettern in ihre Autositze. Die Sitze sind genau gleich groß, denn die Geschwister wurden am gleichen Tag geboren. Sie sind Zwillinge. Heute ist Mama sogar ein Viertelstündchen früher da als sonst. Darum fahren sie zuerst noch in die Autowaschanlage.

„Das ist echt mal nötig", findet Mama.

Vor ihnen fährt ein blaues Auto in die Waschanlage. Ein kleiner Junge mit Locken sitzt hinten in dem Wagen. Danach steuert Mama durch das große

Metalltor und parkt auf einem Fließband. Sie schaltet den Motor ab. Von jetzt an werden sie wie von magischer Hand in die Waschstraße hineingezogen. Es ist dämmrig. Mannshohe Riesenbürsten kommen auf Mama und die Kinder zu und seifen und schäumen ihr Auto von allen Seiten ein. Mira und Leon beobachten, wie die langen Wollborsten über jede Scheibe fliegen. Die Monsterbürsten drehen sich so schnell, dass ihre Zottelhaare senkrecht in der Luft stehen. Das ist aufregend und auch ein bisschen unheimlich. Aber Mama lehnt sich gemütlich in ihrem Sitz zurück und genießt das Nichtstun. Nach dem Waschen regnet es aus Tausenden Wasserdüsen auf das Auto. Es wird mit Lederstreifen abgerubbelt und von allen Seiten gleichzeitig trocken geföhnt.

„Unser Auto ist duschen gegangen", sagt Leon.

Als sie aus der Waschanlage herausfahren, wollen Mira und Leon sehen,
wie der Wagen jetzt von außen aussieht: Er blitzt und blinkt! Die Zwillinge
spiegeln sich im Blech der Türen und schneiden Grimassen. Der Locken-Junge
ist auch ausgestiegen und macht es genau wie sie. Dann müssen sie los,
damit sie nicht zu spät kommen.

Die nächste große Straße, in die Mama einbiegt, ist verstopft: Stau!
Es geht nur ganz langsam voran. Mama seufzt und klopft ungeduldig
mit den Fingern aufs Lenkrad. Die Kinder sehen aus dem Fenster
und denken an Oma Lisas Schokokuchen.

„Jetzt hat sie ihn bestimmt schon auf den Tisch gestellt", überlegt Leon.
„Ja", Mira nickt und schluckt, „und jetzt holt sie die Orangenpresse aus dem
Schrank …" Mira unterbricht sich mitten im Satz und macht große Augen.
Sie zeigt aus dem Fenster, und da sieht Leon es auch: Ein blaues Auto steht
schräg am Straßenrand. Unter seiner Motorhaube quillt Rauch hervor.
Hinten sitzt der Junge mit den Locken aus der Waschanlage! Sein Vater
steht draußen und tippt auf die Tasten seines Handys. Irgendetwas scheint

nicht zu funktionieren, denn der Mann klappt das Handy entnervt zu

und winkt in Richtung der vorbeituckernden Autos.

„Mama!", ruft Mira. „Halt an! Da braucht jemand Hilfe!"

„Wir haben es aber eilig", gibt Mama zurück.

„Guck doch mal, Mama", sagt Leon, „der Mann kann nicht telefonieren,

und er hat auch ein Kind dabei!"

„Das sieht ganz traurig aus", fügt Mira schnell hinzu.

„Na gut", sagt Mama und fährt an den Straßenrand. Der Mann kommt

angelaufen. Mama lässt die Scheibe auf der Beifahrerseite hinunter.

„Bei meinem Handy ist ausgerechnet jetzt der Akku leer gegangen", erklärt

der Mann. „Könnte ich Ihres kurz ausleihen und einen Abschleppwagen rufen?"

Mama gibt dem Mann ihr Handy. Er telefoniert. Mama nennt auch ihre Nummer, weil der Mann sie beim Abschleppdienst angeben muss. Dann gibt er das Handy zurück und entschuldigt sich für die Umstände. „Wir warten noch so lange, bis der Abschleppwagen kommt", sagt Mama freundlich, „sonst finden die Sie nachher nicht, weil sie Sie nicht mehr anrufen können."

Während sie warten, überlegen Mira und Leon, ob Omas Kuchen auch für den Locken-Jungen und seinen Vater reichen würde. Nur zur Not, falls der Abschleppwagen gar nicht kommt. Mama ruft bei Oma Lisa an und sagt, dass es ein bisschen später wird. Dann sehen sie ein gelbes Blinklicht! Der Abschleppwagen fährt vor.

Mira, Leon und der Junge aus dem Pannenauto dürfen alle drei zusammen
ins Fahrerhaus klettern. Man sitzt dort viel höher als in einem normalen Auto.
Durch die rückwärtige Scheibe können die Kinder zugucken, wie
das blaue Auto von einem kleinen Kran auf die Ladefläche gehoben wird.
Der Junge darf mit seinem Vater in die Werkstatt fahren.
„Danke, dass ihr angehalten habt", sagt er zum Abschied.

Als sie endlich an Oma Lisas Tisch sitzen, haben Mira und Leon
viel zu erzählen – und außerdem einen Bärenhunger. Heute schmeckt
der Schokoladenkuchen noch besser als sonst.

Spielzeug-Tag in der Kita

Heute dürfen alle Kinder ihr Lieblings-Spielzeug mit in die Kita bringen. Sofie hat ihren hellbraunen Teddy mit den Knopfaugen dabei, Emily bringt einen bunten Musikspieler mit, Benni hat sich für seinen nagelneuen gelben Lastwagen entschieden. Jedes Kind erzählt etwas zu seinem Spielzeug.

Emily hört jeden Nachmittag Musik und tanzt dazu. Benni berichtet, dass sein Lastwagen wie von selber fährt, und Sofie sagt: „Mein Teddy ist genauso alt wie ich. Ohne ihn bin ich noch nie eingeschlafen."

Bis Mittag spielen die Kinder mit ihren mitgebrachten Sachen. Vor dem Essen wird aufgeräumt.

„Mein Teddy ist weg!", ruft Sofie plötzlich so laut, dass es sogar
in der Nachbargruppe zu hören ist. Ausgerechnet Sofies Schlaftier!
„Wo hast du ihn denn zuletzt gehabt?", fragt Frau Karst, die Erzieherin.
„Am Bälle-Becken", stößt Sofie hervor und schnieft. Tränen laufen ihr
über die Wangen.

Die Kinder suchen am Bälle-Becken, aber der Teddy
ist nicht mehr da! Nichts kann Sofie trösten.
Schließlich reicht Benni ihr
seinen gelben Lastwagen:
„Du kannst ihn haben,
bis wir nach Hause
gehen", sagt er
großzügig. Sofie schüttelt
nur den Kopf.
Da hört sie eine leise,
knarzige Stimme:
„Ich könnte dir suchen
helfen." Benni hat es
auch gehört. Die beiden
sehen sich mit großen Augen an.
Sofie streckt ganz langsam die Arme aus, und Benni reicht ihr
zögernd sein Lieblings-Spielzeug. Am Mittagstisch hält Sofie den kleinen gelben
Laster die ganze Zeit auf dem Schoß. Benni lässt die zwei nicht aus den Augen.

Endlich dürfen sie aufstehen. Sofie geht in den Gruppenraum und setzt den Lastwagen mitten auf den Boden. Es ist noch erstaunlicher, als Benni gesagt hat: Der gelbe Laster fährt ganz von selbst!

Er schaltet zwei winzige Scheinwerfer ein, steuert auf das große Regal zu und sucht dann mit seinen Lichtern auch alle anderen Kommoden, Regale und Polster ab. Als er den ganzen Raum abgeleuchtet hat, fährt er durch die geöffnete Gartentüre nach draußen. Sofie, Benni und immer mehr Kinder folgen ihm. Der Laster sucht unter den Büschen und hinter dem Schuppen. Als er auf den Sandkasten zusteuert, kommt Frau Karst dazu. „Hast du die Fernbedienung, Benni?", fragt sie erstaunt. Benni schüttelt nur stumm den Kopf. Frau Karst will nach dem Laster greifen, aber der klappt sich auseinander und verwandelt sich mit leisem Klicken und Surren in einen kleinen Roboter mit Armen und Beinen!

„Hallo, Frau … Kita", sagt der Roboter mit derselben knarzigen Stimme, die Sofie und Benni schon kennen. „Ich helfe den Kindern beim Suchen. Darf ich mich vorstellen? Mein Name ist Knut Zack."

„Hallo Knut", sagt Frau Karst. „Wer steuert dich denn?"

Knut Zack verschränkt beleidigt die Arme: „Niemand! Ich heiße Knut Zack und bin ein freier Roboter in einem freien Land!"

Frau Karst lacht: „Na gut, dann will ich das mal glauben. Aber ich behalte dich im Auge."

„Kein Problem, Frau Kita", knarzt Knut und macht eine Verbeugung.

Sofie ist so erstaunt über die Verwandlung des Lastwagens, dass sie darüber sogar ihren Teddy vergisst.

Sie hebt den Roboter hoch und fragt: „Kannst du auch Fangen spielen?"

„Klar", sagt Knut, „wer spielt mit?"

„Niemand", gibt Sofie zurück, „nur ich. Du bist doch mein Roboter."

„Nein", ruft Benni, „er gehört mir, Sofie!" Sofort versucht Benni, Sofie den Roboter aus der Hand zu reißen, aber Sofie hält ihn weiter fest. Keiner will nachgeben.

„Haaalt! Stopp!!!", kreischt Knut Zack. Es klingt wie eine Kreissäge. Vor Schreck lassen Sofie und Benni beide gleichzeitig los. Knut fällt ins Gras und schreit weiter: „Lasst mich leben! Ich bin ein freier Roboter in einem freien Land!" Er rappelt sich auf und stapft wütend davon. Kein Kind wagt es, ihm zu folgen. Benni fängt an zu weinen. Jetzt hat auch er sein Lieblings-Spielzeug verloren.

„Tut mir Leid", sagt Sofie kleinlaut. Benni läuft dem kleinen Roboter nach. Die anderen Kinder wollen hinterher, aber Sofie hält sie zurück.

„Nein", sagt sie, „lasst Benni in Ruhe. Knut gehört ihm."

„Komm, Sofie. Wir suchen weiter nach deinem Teddy", schlägt Emily vor. Die Kinder durchstöbern den Garten, den Essraum und noch einmal den Gruppenraum. Der Teddy ist nirgendwo zu finden. Schließlich kommen

sie in den Flur. Am anderen Ende sehen sie das Bälle-Becken. Auf seinem Rand

sitzt Benni.

„Sofie! Guck mal!", ruft er schon von Weitem. Der kleine Roboter Knut sitzt

friedlich auf den Plastikkugeln und gleich daneben liegt – Sofies Teddy!

Er war unter die Bälle geraten und Knut Zack hat ihn ausgebuddelt.

„Pass gut auf mich auf", sagt der kleine Roboter zu Benni, bevor er sich

mit einem leisen Klicken und Surren wieder in einen kleinen

gelben Laster zurückverwandelt.

Anton und Sverre langweilen sich

„Was sollen wir jetzt machen?", fragt Anton. „Uns ist langweilig."

Mama seufzt leise. Sie sitzt an ihrem riesengroßen Schreibtisch und tippt emsig in die Tastatur ihres Computers. Anton und Sverre stellen sich neben Mama. Mama seufzt ein bisschen lauter.

„Uns ist so langweilig", wiederholt Sverre. Nur für den Fall, dass Mama es beim ersten Mal nicht mitbekommen hat.

50

Mama schiebt die Tastatur ein wenig zurück und stützt den Kopf auf die Hände.

„Passt mal auf", sagt sie. „Ich bin gleich fertig. Dann fahre ich kurz zur Post, und wenn ich wiederkomme, gehen wir drei auf den Spielplatz."

„Hurra!", rufen Anton und Sverre. Die Sache hat nur einen Haken.

„Was machen wir, bis du wieder da bist?", will Anton wissen.

„Solange dürft ihr mit Wasserfarben malen."

Mama schiebt ihre Papiere beiseite, damit die beiden genug Platz zum Tuschen haben. Anton und Sverre holen Farben, Pinsel und Papier, dann legen sie los.

Sie sind so vertieft, dass sie kaum mitbekommen, wie Mama zum Abschied sagt: „Papa ist im Garten, wenn was ist."

„Jetzt düst die Rakete durch den Weltraum, guck mal, so", sagt Sverre.

Ein roter Feuerblitz zischt über das Blatt.

„Mein Raumschiff ist schneller", ruft Anton und tuscht ein knallgrünes Gefährt in den Himmel. Mit lauter gelben Männchen drumherum.

„Gar nicht, ich hab den Superblitzrennantrieb."

Sverres neueste Erfindung kommt dazu.

Immer fieberhafter
malen die beiden,
immer voller werden
die Bilder.
TOCK! Das Wasserglas
kippt um und rollt
über den Tisch.

„Zum Glück ist nichts auf die Bilder gespritzt." Anton stellt das Glas wieder hin. „Oh, oh", meint Sverre und deutet auf Mamas Tastatur. Auch Anton erschrickt. Die Tastatur ist ganz nass geworden. Braunviolette Tropfen perlen von den Tasten.

Sverre rennt los und kommt mit einem Handtuch zurück. Sie breiten das Handtuch auf die Tastatur, aber es ist viel zu dick. Als sie es wegnehmen, sind immer noch lauter Tröpfchen in den Zwischenräumen. „Mist, so geht's nicht", schimpft Anton. „Wir brauchen was anderes. Aber was?" Nachdenklich steckt er den Finger ins Ohr.

„Ich weiß was", ruft Sverre, als er das sieht. Er saust los ins Badezimmer. „Wattestäbchen!" Vorsichtig stochern sie mit den Wattestäbchen zwischen den Tasten herum.

„Mann, ist das dreckig", stöhnt Anton und zeigt Sverre das feuchtbraune Wattestäbchen, an dem jede Menge Staub klebt. „Wir brauchen Essig. Oma sagt, damit bekommt man alles sauber. Mama freut sich bestimmt, wenn ihre Tastatur schön geputzt ist."

Anton und Sverre wienern weiter auf den Tasten herum. Sverre schaut auf. Der Bildschirm flackert. „Hoffentlich ist nichts kaputtgegangen", sagt er.

„Und wenn doch?" Anton beißt sich auf die Unterlippe. „Guck mal, da geht ja die Schrift ab!" Entgeistert zeigt er auf die Tastatur. „Was machen wir jetzt?"

Puh! Sverre überlegt.

So angestrengt, dass er ganz rote Ohren bekommt.

„Ich glaube, das wird nichts mehr", sagt er schließlich. „Anton, wir brauchen eine neue Tastatur für Mama. Sonst ist sie sauer, wenn ihre alte nicht mehr geht."

„Aber wo nehmen wir die her?", fragt Anton unglücklich.

Sverre denkt weiter nach. Jetzt sind nicht nur seine Ohren rot, sondern das ganze Gesicht. „Wir bauen selber eine", beschließt er. „Papa sagt immer, Selbstgemachtes ist am schönsten."

Sverre und Anton laufen hinaus in den Werkzeugschuppen. Als Papa ihnen

den Rücken zukehrt, schlüpfen sie unbemerkt hinein.

„Die ist genau richtig", sagt Sverre, nachdem sie eine Weile herumgewühlt haben.

Er zeigt Anton eine dünne Holzplatte, die fast so breit wie die Tastatur ist.

Anton und Sverre bringen die Platte nach drinnen. Sverre zeichnet kleine

Kästen auf. „Jetzt fehlt noch die Schrift", meint Anton.

Sorgfältig tupfen sie alle Buchstaben ihrer Namen auf die Tasten. Und zwei

Zahlen: 4 und 5. Denn Anton ist vier und Sverre fünf Jahre alt.

„Da sind noch viele Felder frei", stellt Sverre fest.

„Dann malen wir andere Sachen dazu", sagt Anton und zeichnet ein rotes Herz auf eine Taste. In kurzer Zeit kommen klitzekleine Marsmännchen, winzige Raketen und bunte Planeten dazu. Endlich ist die Tastatur fertig. Sie legen die Holzplatte auf Mamas kaputte Tastatur. Dann malen sie an ihren Weltraumbildern weiter, bis Papa aus dem Garten kommt, um das Mittagessen zu kochen. Mama staunt, als sie zurückkommt und ihre neue Tastatur sieht. Anton und Sverre erzählen, was passiert ist. Als Mama das hört, wird sie ein bisschen blass. Aber Papa sagt:

„Kein Problem! Ich hab zufällig noch eine zweite, ganz neue Tastatur. Die tauschen wir gegen die alte aus."

„Super!", sagt Mama und drückt Anton und Sverre ganz fest.

„Wisst ihr was? Auf die neue Tastatur lege ich eure. Falls mal wieder was umkippt."

Der kleine Drache wird krank

„Oma, sieh mal!", rief Theobald. Schon schoss ein Feuerstrahl aus seinem Rachen. Seit Wochen übte der kleine Drache für das Drachen-Sommerfest. Dort zeigen alle jungen Drachen, was sie gelernt haben. Bald war es soweit. Theobald konnte es kaum erwarten.

„Gut gemacht", lobte ihn Oma Silberklaue und gab ihm einen Kuss. „Nun muss ich los. Spätestens zum Fest sehen wir uns wieder."
Theobald sah ihr nach, bis sie hinter einer Wolke verschwunden war.
Dann übte er weiter Feuerspucken, bis es Zeit zum Schlafen war.

Am nächsten Morgen bekam Theobald einen Schreck. Seine schönen grünen Schuppen waren überall mit orange-roten Kringeln bedeckt. Als er versuchte aufzustehen, wurde ihm schwindlig. Er fauchte leise, doch statt des gewohnten Feuerstrahls kam nur ein wenig Rauch aus seiner Nase. „Mama", krächzte er. „Mama!"

Mama Silberzunge trabte in die Höhle. „Wie siehst du denn aus?" Überrascht schlug sie die Flügel zusammen. „Du hast ja Drachenwutz!"

„Drachenwutz?", hauchte Theobald. „Ja, Drachenwutz", sagte Silberzunge, „der Name kommt von der Form der geringelten Schweineschwänzchen."

Theobald schluckte. „Ist Drachenwutz denn schlimm?", fragte er.

„Nein", beruhigte Silberzunge ihn. „Das geht nach einigen Tagen wieder weg."

„Aber ich muss doch üben! Und ich will auf keinen Fall das Drachenfest verpassen." Mühsam versuchte Theobald aus dem Bett zu kommen. Doch Silberzunge drückte ihn sanft auf sein Lager zurück.

„Das ist keine gute Idee", meinte sie. „Bei Drachenwutz hilft nur Bettruhe.

Mit etwas Glück bist du zum Drachenfest wieder gesund."

Theobald schloss die Augen. Öffnete sie wieder. Starrte an die Decke.

Drehte sich zur einen, dann zur anderen Seite. So verging Stunde um Stunde.

Als die Mittagssonne in die Drachenhöhle schien, hielt Theobald es nicht mehr

aus. Er fühlte sich elend, trotzdem kroch er aus dem Bett hinaus in die Sonne.

Den Rest des Tages probierte Theobald alle Ratschläge aus, die ihm Tanten

und Onkel, Kusinen und Vettern gaben.

Er lutschte rotglühende Kohledrops, schlang

sich vier wärmende Schals um den Hals und

schrubbte seine Schuppen mit

frisch gekochtem Sand.

„Ah, Drachenwutz", sagte

Papa Silberohr, als er

Theobald am Abend

erblickte. „Dagegen hilft

ein Bad im Lavasee."

„Grrr!" Theobald knurrte.

Baden mochte er

überhaupt nicht.

Doch was half es?

Zum Drachenfest

musste er gesund sein!

Also stieg er in den heißen Lavasee, der hinter der Drachenhöhle lag.
Theobald keuchte und schwitzte. Er blieb so lange im Wasser, bis er
die Hitze nicht mehr aushielt. Ganz matt krabbelte er wieder an Land.
Nichts half. Die Kringel wurden immer röter, und nicht der kleinste
Feuerstrahl kam aus seinem Schlund. Tränen kullerten über seine Nase.
Wenn bloß Oma hier wäre! Sie wusste immer einen Rat. So elend konnte
Theobald doch nicht zum Drachenfest gehen! Schließlich schlief er
traurig und erschöpft ein.

Als Theobald erwachte, war die Sonne längst untergegangen. Ein voller, gelber Mond leuchtete über dem See. Theobald staunte. Am Nachthimmel funkelten die Sterne. Das weiße Band dazwischen musste die Milchstraße sein. Davon hatte Oma ihm erzählt. Theobald rollte sich auf den Rücken und sah in den Sternenhimmel. Langsam wanderte der Mond weiter. Eine kühle Brise strich wunderbar zart über seine Schuppen. Theobald entdeckte immer mehr, noch winzigere Sterne. Vor lauter Begeisterung vergaß er die juckenden Kringel und allen anderen Ärger. Er schaute und schaute, bis ihm die Augen zufielen.

Die Morgensonne kitzelte Theobald wach. Verwirrt richtete er sich auf. Da fiel es ihm wieder ein. Er war ja am Lavasee eingeschlafen, nicht wie sonst bei den anderen Drachen in der Höhle.

Und der Drachenwutz? Staunend sah er an sich herunter. Kaum noch Kringel auf den Schuppen, die allerletzten waren ganz verblasst.

Theobald holte tief Luft und … ein riesiger Feuerstrahl, der sich kringelte, zischte über den See. So ein prächtiger Feuerblitz war ihm noch nie gelungen.

„Juhu, es funktioniert wieder!", brüllte Theobald und sprang am Ufer auf und ab.

„Na, was denn sonst", sagte eine vertraute Stimme hinter ihm.

„Oma!" Theobald fuhr herum und umarmte Oma Silberklaue stürmisch.

Atemlos erzählte Theobald alles, was geschehen war.

„Wenn du da gewesen wärst, hättest du bestimmt das richtige Mittel gewusst", sagte er zum Schluss.

„Natürlich!" Oma lachte. „Gegen Drachenwutz gibt es nur ein Mittel: kühle Nachtluft und funkelnde Sterne. Stell dir vor, das hast du ganz allein herausgefunden!"

Theobald nickte stolz. Und dann flogen sie gemeinsam zum großen Drachenfest.

Ferien im All mit Blisko

„Mamaaa! Wo ist mein Helm?", schreit Luisa. Im Haus der Familie Kramer wuselt alles durcheinander. Heute geht es endlich in die Ferien! Aber ohne Luisas Astronautenhelm können sie nicht fliegen. Die Kramers wollen zum Mars und haben dafür extra ein Raumschiff angemietet. Max und Finn helfen Luisa beim Suchen. Schließlich findet Max, der Älteste, den Helm unter Luisas Bett. Dorthin hatte sie ihn gestern Abend extra in Sicherheit gebracht, damit er bloß

nicht zwischen dem ganzen Gepäck verloren ginge. Luisa war noch nie im All. Sie ist erst fünf. Ihre großen Brüder sind schon erfahrene Weltraumurlauber.

Endlich sitzen alle fest angeschnallt in der Corvus-X-7. So heißt ihr kleines, rotes Raumschiff. Es ist nicht viel größer als ein Wohnmobil und sieht aus wie ein Baby-Flugzeug mit Stummelflügeln. Mama schaltet die Kontrollbildschirme ein. Der Bordcomputer spricht: „Datum: 25. Juli, Jahr: 2187, Ortszeit: 8 Uhr, 37 Minuten, 11 Sekunden. Fertig zum Start in 10 Sekunden, 9, 8, 7, 6, 5, 4 …"

Papa drückt den grünen Startknopf. Die Raketentriebwerke sirren und pfeifen. Das ganze Raumschiff vibriert, gerade so, als könne es den Start kaum abwarten. „… 3, 2, 1, Null!"

„Ab in den Urlaub!", ruft Mama und setzt als Letzte ihren Helm auf. Papa zieht den Gashebel nach vorn. Durch die Seitenfenster konnten die Kinder eben noch ihr Wohnhaus und gegenüber die Hecke sehen. Jetzt verschwindet alles hinter Wolken aus dichtem, weißem Rauch, und die Corvus-X-7 schießt in die Höhe.

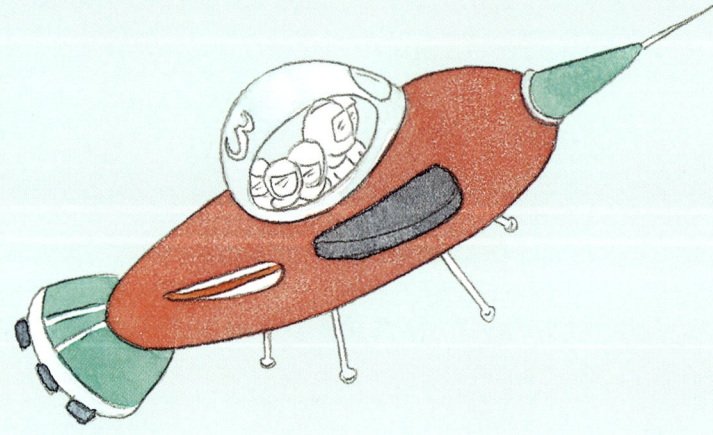

Bald schweben sie zwischen funkelnden Sternen dahin. Die Erde ist
nur noch als leuchtend-blaue Kugel zu sehen. Sie wird immer kleiner.
Der Mond zieht an ihrem Raumschiff vorüber. Sie können
jeden einzelnen Krater und drei Mondstationen erkennen.

Max, Finn und Luisa dürfen die Helme ausziehen. Sie spielen
„Ich-sehe-was-was-du-nicht-siehst" und zählen die Raumschiffe,
die ihnen entgegen kommen.

Dann meldet sich Papa zu Wort: „Kinder, wir haben ein Problem."

Max, Finn und Luisa sehen sich an.

„Was denn?", fragt Max. Papa erklärt, dass sie beim Start
zu viel Treibstoff verbraucht haben. Wahrscheinlich haben sie
zu viel Gepäck geladen. „Wir müssen zwischenlanden, und zwar
auf dem erstbesten Kometen, der uns begegnet."

Gleich darauf kommt ein
Himmelskörper rasend schnell
auf sie zugeschossen. Er zieht
eine leuchtende Spur hinter sich her.

Mit einem gewagten Wendemanöver steuert Papa
das Raumschiff zum Kometen, und wenige Minuten
später landet die Corvus-X-7 mit Gerumpel auf dessen Oberfläche.
Max, Finn und Luisa müssen ihre Helme aufsetzen. Mama kontrolliert,
ob alle Raumanzüge dicht sind, bevor Papa die Türschleusen öffnet.
Dieser Komet ist aus Eis und Staub, und es gibt dort keine Luft
zum Atmen. An manchen Stellen ist das Kometen-Eis angetaut und rutschig.
Die Kinder finden eine Bahn auf der sie schlittern können. Plötzlich stößt Finn
einen Schrei aus und fällt auf seinen Hosenboden. Drei große Augen starren ihn
aus einem Loch im Boden an. DREI! Aus dem Loch schiebt sich
ein großer Kopf hervor. Er ist ganz von grünem Fell bedeckt.
Dann kommen Stück für Stück ein schlaksiger grüner Fellkörper,
drei Arme und sechs Beine zum Vorschein! Ein Alien!
Max, Luisa, Mama und Papa kommen angelaufen,
so schnell ihre Raumanzüge es erlauben.
Das fremde Wesen trägt einen
Rucksack auf dem Rücken
und eine Metallplatte mit
Knöpfen vor der Brust.

Es drückt auf einen Knopf und beginnt in einer fremden Sprache zu reden: „Wisi kacka panema nunu wirili …" Es verstummt, legt den Kopf schief und macht: „Oh!" Dann drückt es drei weitere Knöpfe und sagt: „Hallo, mein Name ist Blisko. Ich bin ein friedliebender Kometen-Yeti. Seid ihr freundlich oder feindlich gesinnt?" Mama und Papa versichern, dass sie keine bösen Absichten haben.

Blisko lädt die Kramers in seine Höhle ein. Eine schwere Stahltür schließt sich automatisch hinter ihnen. Drinnen ist die Höhle mit blitzenden Möbeln aus Metall, seltsamen Apparaten und papierdünnen Bildschirmen vollgestopft. Blisko hat auch Essen da. Wenig später sitzen alle sechs im Kreis auf dem Höhlenboden und schlecken Eis. Die Kinder probieren sich durch alle Kometen-Yeti-Geschmacksrichtungen. Es gibt Holzaroma, Ledereis, Segeltuch- und Gras-Eis. Max erwischt Blumenkohl-Geschmack – igitt! – und wechselt schnell zu Kieselstein-Aroma. Dann holt Blisko seinen Chemiebaukasten hervor, mischt aus ein paar Zutaten einen

Raketentreibstoff zusammen und füllt ihn eigenhändig in den Raketentank.

Max, Finn und Luisa umarmen Blisko zum Abschied.

Sein Fell ist zottelig und ganz weich. Mama schießt ein Abschiedsfoto.

Dann steigen die Kramers in ihr kleines, rotes Raumschiff.

Der Start läuft wie geschmiert. „Das ist der beste Treibstoff, mit dem ich

jemals geflogen bin", sagt Papa anerkennend. Gut gelaunt setzen

die Kramers ihre Reise zum Mars fort.

Der verfressene Flaschengeist

Zauberer Zwirbelzahn konnte nichts wegwerfen. Alles hob er auf: zerfledderte Bücher, abgebrochene Walfischzähne und zerkratzte Kochtöpfe. „Wer weiß, ob ich das nicht noch mal gebrauchen kann", pflegte er seinem Kater Gustav zu antworten, wenn dieser mit der Pfote auf einen Gegenstand zeigte. Überall stapelten sich die Dinge. Auch in der Speisekammer des Zauberers. Dort stand ganz hinten, auf dem untersten Regalbrett, eine verstaubte, blaugrüne Flasche.

Darin lebte Hugo, der Flaschengeist. Er bewohnte die Flasche, seitdem

Zwirbelzahn als ganz junger Zauberer ins Haus gezogen war. Also seit Urzeiten.

Hugo hatte sich in der Flasche sehr gemütlich eingerichtet.

Zwischen Kissen und kuscheligen Decken gab es

unzählige Bücher, schöne Bilder und wunderbare

Musik. Alles war picobello aufgeräumt, denn Hugo

war im Gegensatz zu Zwirbelzahn sehr ordentlich.

Hugo fand, er war der glücklichste Flaschengeist

auf der Welt. Er war froh, dass ihn

der Zauberer längst vergessen hatte.

So wurde er nicht aus der Flasche

befohlen und musste

lästige Aufträge erfüllen.

Nur eines fehlte ihm

ab und zu, und das

war leckeres Essen.

Als Flaschengeist brauchte

Hugo keine richtige Nahrung.

Doch die ständig wechselnden

Lebensmittel um ihn herum

sahen so lecker aus, dass er

bei ihrem Anblick immer

mehr Appetit verspürte.

Eines Tages spähte Hugo wieder einmal sehnsüchtig aus der Flasche. Ganz in der Nähe befanden sich Fischeintopf in Dosen, Pfefferkäse und gebackene Datteln im Speckmantel. Hugos Magen knurrte. „Das muss ich unbedingt probieren." Er nahm all seinen Mut zusammen, sprach einen Zauberspruch, und mit einem lauten PLOPP! sprang der Korken aus der Flasche. Neugierig kletterte Hugo heraus und huschte hinter eine Butterdose, aus der ein ranziger Duft zog. Einige Augenblicke wartete Hugo mit klopfendem Herzen. Doch alles blieb still.

Der Zauberer und sein Kater Gustav schienen nicht im Haus zu sein. Hugo schnupperte. Es roch nach Schinken! Er blickte hoch. Direkt über ihm hing ein stattlicher Schinken, daneben Würste am langen Band. Hugo konnte sich nicht länger beherrschen.

Er schlug sich nach Herzenslust den Bauch voll. Dazu trank er aus dem Bottich mit der Holunderbrause, die der Zauberer erst vor einigen Wochen gebraut hatte. Vollgestopft bis oben hin torkelte Hugo schließlich zurück zu seiner Flasche. Denn das ungewohnte Essen und vor allem die Brause hatten ihn beschwipst gemacht.

Hugo nahm Anlauf und hüpfte auf den Flaschenhals. Doch als er den Kopf in die Öffnung steckte, erlebte er eine böse Überraschung. Sein Bauch war durch das ungewohnte Essen ganz dick geworden. Er passte nicht mehr durch den Flaschenhals. Das durfte doch nicht wahr sein!

Entgeistert strampelte Hugo mit den Beinen: Ein Flaschengeist gehörte in seine Flasche. Basta! Etwas anderes kam als Wohnort einfach nicht in Frage.

„Wenn es so nicht geht, dann eben mit Z … Zzzz … Zauberei", nuschelte Hugo und suchte nach dem richtigen Zauberspruch, der ihn zurück in seine Flasche befördern würde.

Doch leider hielt sein Schwips von der Holunderbrause immer noch an. Hugo konnte den Zauberspruch nicht aufsagen, ohne dabei ordentlich zu stottern. So funktionierte das nicht!

71

Hugo zappelte weiter herum, bis er mit den Füßen gegen ein Glas stieß.

Das Glas kippte vom Regal und zersprang mit einem lauten Klirren

auf dem Fußboden.

Hugo erstarrte. Ängstlich lauschte er, doch alles blieb ruhig.

Erleichtert atmete er aus, doch im selben Augenblick raschelte es hinter ihm.

Hugo blickte sich um und sah … Gustav!

Der Kater schlich durch die Speisekammer. Er sprang in einer geschmeidigen

Bewegung auf das Holzregal. Suchend bewegte er sich zwischen den Dingen

im Regal. Hugo war erleichtert. Noch hatte der Kater ihn nicht bemerkt.

Doch das würde nicht mehr lange dauern. Hugo musste es noch einmal

versuchen. Er murmelte den Zauberspruch. Gustav kam näher. Hatte er

ihn schon entdeckt?

Hastig sprach Hugo die letzten Worte. Gerade noch rechtzeitig, denn schon sprang der Kater auf ihn zu. Zu spät! Hugo war in seine Flasche geglitten.

In diesem Moment leuchtete das Licht in der Speisekammer auf.

„Was machst du denn hier, Gustav?", hörte Hugo den Zauberer sagen.

„Willst du wieder vom Schinken naschen? Davon bekommst du nur Bauchschmerzen. Schnell, raus mit dir!"

Laut miauend strich Gustav um die Flasche. Hugo hielt den Atem an. Würde der Zauberer ihn entdecken? Doch der achtete nicht auf die Flasche, packte Gustav und trug den fauchenden Kater nach draußen.

Erleichtert sank Hugo in seine Kissen. So ein Abenteuer! Davon würde er die nächsten Jahrhunderte zehren. Ganz bestimmt!

Lara träumt von Ferien am Meer

Seit Wochen schaut Lara jeden Tag dasselbe Bilderbuch vor dem Einschlafen an. „Am besten gefällt mir das Meer!", erzählt Lara Mama. „Und der gelbe Sand! Und der blaue Himmel!"

„Bald machen wir Ferien am Meer", sagt Mama lächelnd und knuddelt Lara.

Lara freut sich schon. Sie kann es kaum erwarten, bis die Ferien endlich anfangen.

Am ersten Ferientag steigen Lara und Mama in den Zug. Sie haben viel Gepäck dabei. Und Lara hat natürlich das Bilderbuch in ihren Rucksack gesteckt.

Die ganze Fahrt schaut sie gespannt aus dem Fenster.

„Möchtest du etwas essen oder trinken?", fragt Mama.

Lara schüttelt den Kopf. „Ich will das Meer nicht verpassen."

Und dann sieht sie es endlich: Zwischen den Bäumen blitzt ein blaues Band auf.

„Das Meer", ruft Lara
aufgeregt. „Da vorne
ist das Meer!"
Als sie aus dem Zug steigen, ist erst
einmal gar nichts vom Wasser zu sehen.
Lara ist ein wenig traurig, aber Mama tröstet sie.
„Der Bahnhof liegt mitten in der Stadt", erklärt Mama,
„von dort aus ist es ein Stück bis zum Strand."
„Gehen wir gleich hin?", fragt Lara.
Mama schüttelt
den Kopf.
„Nein, erst
einmal bringen
wir unser
Gepäck ins Hotel.
Und dann gibt es Abendbrot.
Heute ist es schon zu spät, aber morgen früh gehen wir
gleich als allererstes zum Wasser. Fest versprochen."

Lara gefällt das Hotelzimmer. Am besten ist die Aussicht. Denn vom Fenster
aus kann sie das Meer sehen. Obwohl Lara es kaum abwarten kann, endlich
zum Meer zu kommen, ist sie von der Reise so müde, dass ihr im Bett sofort
die Augen zufallen.

Am nächsten Morgen wacht Lara von einem Tuten auf.

„Was ist denn das?", fragt sie verwundert.

„Die Schiffe im Hafen", erklärt Mama. „Sie geben ein Signal, denn draußen ist es sehr neblig."

Lara zieht die Gardinen zur Seite und schaut aus dem Fenster. Richtig, draußen ist fast nichts zu erkennen, so neblig ist es. Und das Meer ist weg!

Auch nach dem Frühstück klart sich der Himmel nicht auf. Lara und Mama gehen trotzdem zum Strand. Als sie ankommen, ist Lara enttäuscht.

Der Sand ist grau und voller Steinchen.

„Das Meer sieht gar nicht so aus wie in meinem Buch", schimpft sie und schlägt die Seite auf. „Es muss doch blau sein, mit kleinen Wellen, Mama. Und hier ist das Meer ganz grau und die Wellen sind viel zu groß."

So traut Lara sich nicht ins Wasser.

Während Mama ein großes Handtuch ausbreitet, hockt Lara sich in den Sand
und buddelt lustlos mit ihrer Schaufel herum.

„Bestimmt wird das Wetter bald wieder besser", meint Mama. „Am Meer
ändert es sich schnell. Willst du schon mal deinen Badeanzug anziehen?"

Doch Lara mag nicht. Sie zeigt Mama die Gänsehaut auf ihren Armen.

Als es ihr im Sand zu langweilig wird, schnappt sie sich ihren Eimer und
marschiert los. Muscheln sammeln. Doch so sehr sie auch sucht, keine
der Muscheln sieht so aus wie in ihrem Buch. Alle sind klein und grau
und schon ein bisschen kaputt. Lara ist enttäuscht. So hat sie sich das
nicht vorgestellt! Missmutig vergräbt sie die Zehen im Sand.

„Immer noch so viel Nebel", beschwert sie sich. „Das Meer hab ich mir
ganz anders vorgestellt."

Mama schlägt ihr Buch zu und faltet das große Handtuch wieder zusammen.

„Pass auf, Lara, dann machen wir jetzt etwas anderes, bis das Wetter wieder schöner wird. Du wirst sehen, auch an grauen Tagen kann man am Meer tolle Sachen machen."

„Wenn du meinst", brummt Lara, doch so ganz glauben kann sie das nicht. Langsam schleicht sie hinter Mama her zum Hafen. Der liegt ganz in der Nähe des Strandes. Dort tanzen viele Schiffe auf den Wellen. Möwen kreischen, und es riecht anders als Lara es kennt.

„Wo gehen wir denn hin?", fragt Lara. Allmählich wird sie doch neugierig. Was Mama wohl vorhat?

„Auf dieses Schiff", erklärt Mama und löst zwei Tickets. Vorsichtig klettert Lara mit Mama über die Reling an Deck. Kurz darauf legt das Schiff ab.

„Wir machen eine Bootstour", ruft Lara begeistert. Neugierig guckt sie sich um. Es ist spannend, so mitten auf dem Meer zu sein. Und sogar der Nebel lichtet sich.

„Jetzt schau mal genau hin, ob du dort drüben etwas entdeckst", sagt Mama.

„Was denn?", will Lara wissen, doch Mama lächelt nur und holt ein Fernglas aus der Tasche.

Lara hebt das Fernglas an die Augen. Es dauert einen Moment, bis sich ihre Augen an den merkwürdigen Anblick gewöhnt haben. Doch dann erkennt sie eine kleine Sandinsel mitten auf dem Wasser.

„Das ist eine Sandbank", erklärt Mama. „Kannst du noch mehr sehen?"

Lara schüttelt den Kopf und will Mama schon das Fernglas zurückgeben, da bewegt sich einer der grauen Steine auf dem Sand.

„Das sind ja Seehunde", brüllt Lara und springt vor Begeisterung auf und ab. Zur Sicherheit vergleicht sie die Seehunde noch einmal mit den Bildern in ihrem Lieblingsbuch. Echte Seehunde!

Jetzt ist Lara sicher: Am Meer kann alles passieren – bei jedem Wetter.

Das Rätsel um die verschwundenen Eier

Eines Morgens wurde Adele von lautem
Gackern geweckt. Verschlafen schlug sie die Augen auf.

Es war noch früh – nicht mal Ingo, der Hahn, hatte
gekräht. Alle Hühner rannten aufgeregt im Stall herum.
Nur Karen, die große, rotbraune Henne,
hockte auf ihrem Nest.

„Was ist passiert?", fragte Adele.

„Das Ei ist weg! Martha fehlt ein Ei!",
riefen die anderen.

Vor Schreck legte auch Adele ihr morgendliches Ei. „Wie kann das sein?",
fragte sie. „Ein Ei verschwindet nicht einfach so. War der Bauer schon da?"

„Nein", erzählte Martha. „Ich musste niesen, weil mich die ersten Sonnenstrahlen
gekitzelt haben. Dabei fiel das Ei ins Nest. Dann bin ich zur Wasserschale
gegangen, und als ich wiederkam, war das Ei weg."

Adele war das klügste Huhn im Stall. Jetzt überlegte sie konzentriert. Da fiel ihr
Blick auf das Fenster. Eine Scheibe war kaputt. Und die Stalltür war nur angelehnt.

„Jemand muss hier gewesen sein und das Ei heimlich mitgenommen haben",
sagte sie. In dem Moment wachte auch Ingo auf. Einige Minuten lang war
ohrenbetäubendes Krähen zu hören.

„Ist gut jetzt, Ingo", sagte Adele. „Wir sind längst wach. Und
der Bauer bestimmt auch."

Beleidigt hörte Ingo auf zu krähen, doch bevor er etwas
erwidern konnte, kam der Bauer herein.

„Guten Morgen, liebe Hühner", sagte er. „Der Hof ist
frisch geharkt, ihr könnt raus in die Sonne gehen."

Mit diesen Worten sammelte er die Eier
in den Nestern ein. Dass Marthas Ei fehlte,
schien er gar nicht zu bemerken.

Adele folgte den anderen auf den Hofplatz. „Morgen früh muss eine von uns Wache halten", beschloss sie. Zum Glück meldete sich Karla freiwillig, denn Adele schlief für ihr Leben gern aus.

Doch daraus wurde nichts. Auch am folgenden Morgen wurde sie von aufgeregtem Gackern geweckt. Adele war sofort hellwach.

„Was ist los?", fragte sie.

„Elisabeth hat ein Ei verloren", kreischten die anderen.

„Und was hast du gesehen?" Adele wandte sich an Karla, die verschämt mit dem Kopf wackelte.

„Gar nichts", antwortete Karla. „Ich bin aufgewacht, als die Sonne aufging. Alles war ruhig. Dann bin ich nochmal eingeschlafen."

„So geht das nicht weiter", entschied Adele. „Heute Abend verbarrikadieren wir die Tür und das Fenster."

So machten sie es. Als der Bauer wie an jedem Abend in den Stall kam, versuchte Adele, durch den Türspalt zu schlüpfen.

„Nanu, Adele, was ist denn mit dir los?", fragte der Bauer. „Die Sonne geht

gleich unter. Am besten schließe ich die Tür, bevor dich der Fuchs holt."

Entsetzt schrien alle Hühner auf. Der Fuchs! Bloß nicht! Auch Adele schluckte.

Nachdem der Bauer gegangen war, sprang sie aufs Fensterbrett.

„Reicht mir Stroh herauf", befahl sie. „Damit verstopfen wir das Loch im Fenster."

Eilig flatterten die Hühner auf und ab, um Adele das Stroh zu bringen.

Dann schliefen alle ein.

Als die Sonne aufging, raschelte es laut. Adele sah zum Fenster.

Gerade steckte der Marder seinen Kopf durch die

Strohwand. Adele schlug Alarm. Einsatz für Ingo!

Der Hahn plusterte sich auf.

„Elender Hühnerdieb", krächzte er. „Raus aus

meinem Stall!" Und er ging mit Schnabel und

Krallen auf den Marder los, der erschrocken

das Weite suchte. Nach der überstandenen

Aufregung nickten alle wieder ein.

Bis Johanna lauthals brüllte: „Mein Ei ist weg!"

Donnerwetter noch mal, wie war das möglich?

Adele kratzte sich am Kopf.

„Ist der Marder zurückgekommen?",

fragte Martha.

„Unmöglich!", entgegneten Adele

und Ingo gleichzeitig.

„Ich hab doch aufgepasst", sagte Ingo

empört. „Und außerdem begnügt sich

der Marder nicht nur mit einem Ei",

sagte Adele.

Die Hühner erschauerten. Bis auf Karen.

Die saß still in der Stallecke auf ihrem Nest.

Von nun an versperrten die Hühner jeden Abend

Tür und Fenster, doch es verschwand kein weiteres Ei mehr. Alle waren

erleichtert. So erleichtert, dass sie schon bald die Sache mit den drei Eiern

vergaßen. Nur Adele nicht. Sie grübelte weiter. Und eines Morgens,

nach drei Wochen, hatte sie endlich eine Erklärung gefunden.

„Karen, steh doch mal von deinem Nest auf", bat Adele die Henne.

Unbeholfen stand Karen auf.

„Da sind ja die verschwundenen Eier", staunten die anderen Hühner.

„Adele, woher hast du das gewusst?"

„Ich habe nur kombiniert", sagte Adele bescheiden. „Jetzt passt mal auf."

In diesem Augenblick zerbrach ein Ei nach dem anderen. Kurz darauf drängten sich drei Küken piepsend aneinander.

„Wie süß!" Die Hühner waren begeistert.

„Warum hast du uns nichts gesagt?", fragte Adele.

„Ich wollte so gern Küken", antwortete Karen. „Aber ich wusste nicht, ob ihr das auch gut findet."

„Doch, natürlich!", riefen die Hühner. „Aber wer ist denn nun die Mutter?"

Alle schauten Adele an.

„Ganz einfach", sagte Adele. „Das sind Martha, Elisabeth, Johanna und Karen zusammen."

Von nun an zogen die Hühner die Küken gemeinsam auf. Und Adele freute sich, dass sie endlich wieder ausschlafen konnte.

Kleiner Dino in Gefahr

Über der Nistkolonie ging die Sonne auf. Stups, der Maiasaurier-Junge, kroch mühsam hinter seinem Bruder hervor. In den vergangenen Wochen waren Stups und seine zehn Geschwister so schnell gewachsen, dass sie nur noch ganz eng aneinander gedrängt schlafen konnten. Stups legte sich immer dicht an den Nestrand, damit er morgens schnell nach draußen klettern konnte. Seit ein paar Tagen durften er und seine Geschwister ihr Futter schon alleine in der Umgebung suchen. So hatte er den frechen Nager Mori und Ilse, eine alte Flugsaurier-Dame, kennengelernt.

Ilse hatte Stups einmal das Leben gerettet, als der sich zu nah an eine Klippe herangewagt hatte. Er wäre in die Tiefe gefallen, wenn Ilse ihn nicht im Sturzflug aufgefangen hätte.

Heute war ein besonderer Tag! Die Maiasaurier-Herde würde auf
Wanderschaft gehen. Sie brauchte neue Futterplätze.

„Bleib nicht zu lange weg", mahnte Stups' Mutter. „Die Herde wartet
nicht auf Nachzügler!"

„Keine Sorge", rief Stups, „ich sag' nur schnell meinen Freunden
‚Auf Wiedersehen' und esse ein paar frische Blätter."

Damit verschwand er im Dickicht der Farne. Nachdem er sich satt
gegessen hatte, lief er zum Eingang von Moris Höhle und rief
nach ihm. Es dauerte eine Weile, bis Mori
in dem dunklen Loch erschien.

„Wir ziehen fort!", verkündete Stups,
„auf Wiedersehen, Mori.
Wir sehen uns
im nächsten Jahr."

„Dann werde ich
dich gar nicht mehr
erkennen, weil du so ein großer,
dicker Maiasaurier geworden sein wirst", sagte
Mori und kratzte sich nach Rattenart hinter dem Ohr.

„Keine Sorge", lachte Stups, „ich werde dich erkennen."

„Jetzt nur noch Ilse", dachte Stups und lief eilig zu der Lichtung, auf der die alte
Flugsaurier-Dame gerne Rast machte. Sie war nicht da. Aber Stups konnte
unmöglich auf Wanderschaft gehen, ohne sich von Ilse zu verabschieden.

Also musste er warten.
Ein lauter Donner ließ
ihn zusammenfahren.
Er blickte zum Himmel und sah
pechschwarze Wolken aufziehen.
Als die ersten dicken Tropfen fielen,
suchte Stups unter den Blättern eines
Riesenfarns am Rand der Lichtung Schutz.
Er ringelte sich zusammen, um nicht nass zu werden,
und dachte: „Bloß
nicht einschlafen."
Im nächsten Augenblick
war er eingenickt.
Stups wachte erst wieder auf,
als in der Ferne ein Tyrannosaurus
Rex brüllte. „Die Herde wartet
nicht auf Nachzügler!", schoss
es ihm durch den Kopf. „Hoffentlich
sind sie noch nicht weg. Hoffentlich,
hoffentlich, hoffentlich!" So schnell
er konnte, rannte er zurück.
Der Nistplatz lag verlassen da.
Sie waren ohne ihn fortgegangen!

„Brooouaaaah", brüllte der T-Rex hinter dem Farngestrüpp. Mit klopfendem Herzen lief Stups zu Mori.

„Ich würde dich ja gerne in meiner Höhle aufnehmen", sagte der kleine Nager, „aber du passt nicht durch den Eingang. Vielleicht kann Ilse dir helfen."

„Kommst du mit, um sie zu suchen?", bat Stups. Mori winkte entsetzt ab:

„Das geht nicht. Sie frisst solche wie mich auf! Einen Tipp kann ich dir geben: Geh hinunter zum Fluss. Da kommt sie um diese Zeit immer hin, um Wasser zu trinken. Aber schleich dich vorsichtig an: Auch ein T-Rex hat mal Durst!"

Maiasaurier mussten selten trinken, weil sie saftige Pflanzen fraßen.

Darum war Stups noch nie am Fluss gewesen. Ganz vorsichtig näherte er sich der Wasserstelle.

Als er zur Uferböschung kam und den Kopf langsam unter einem Farnblatt hervorschob, sah er keine Ilse, aber den T-Rex. Und der T-Rex sah ihn! Der Koloss stand am anderen Ufer. Ohne Stups aus den Augen zu lassen, näherte er sich auf seinen Riesenfüßen. Er machte einen Schritt auf Stups zu. Und einen zweiten. Stups war starr vor Schreck. Ein Stein löste sich unter seinen Vorderpfoten und er verlor den Halt. Kopfüber stürzte er ins Wasser, dem gierigen T-Rex geradewegs entgegen. Stups berührte den Grund und stieß sich mit den Hinterpfoten ab. Sein Kopf durchstieß die Wasseroberfläche, und ein Schatten schob sich über ihn. Dann wurde er am Nacken gepackt und hoch in die Luft gehoben. Er schloss die Augen und war sich sicher, dass er im Maul des T-Rex gelandet war. Aber stattdessen ging es immer höher und höher.

Stups öffnete die Augen und sah – Ilse. Er steckte in Ilses langem Schnabel!

Der Fluss zog weit unter ihnen dahin. Und dann, an einem Waldrand,

entdeckte Stups die Herde. Ilse setzte ihn direkt neben seiner Mutter ab.

„Deine Mama hat mich gebeten, nach dir zu suchen, Stups", sagte

die alte Flugsaurier-Dame, „sonst wäre ich bestimmt nicht im richtigen

Augenblick gekommen. Tu mir einen Gefallen und pass ab jetzt

ein bisschen besser auf dich auf!"

„Versprochen", sagte Stups.

Jasper und das Krokodil unterm Bett

Mama gibt Jasper einen Kuss. „Schlaf schön, mein Schatz. Morgen früh sind wir wieder da. Hab ganz viel Spaß mit Tine und Leo."

Papa wirft einen Blick auf die Uhr. „Wir müssen los", sagt er. „Leo, du rufst uns an, wenn etwas ist, ja?"

„Na klar, Papa", sagt Jaspers großer Bruder Leo. Auch Jaspers große Schwester Tine nickt. Mama und Papa springen ins Auto. Papa hupt zum Abschied, Mama winkt, und schon brausen die beiden davon. Jasper bleibt mit Tine und Leo an der Gartenpforte stehen. Er hat ein komisches Gefühl im Bauch. Heute ist das erste Mal, dass er allein mit seinen Geschwistern über Nacht zu Hause ist.

Mama und Papa sind auf eine Hochzeit eingeladen. Jasper ist ein wenig ängstlich. Was, wenn er plötzlich Sehnsucht nach Mama bekommt?

Da beugt Leo sich zu Jasper und stupst ihn an. „Jetzt machen wir uns eine tolle Zeit, Kumpel, okay?"

Tine reißt die Arme hoch und brüllt: „Freiheit!" So laut, dass Frau Meersahl gegenüber die Gardinen zur Seite zieht und herunterguckt.

„Los, Leute, wie wäre es mit Pizza und Vanillepudding?", fragt Leo.

Jasper reißt die Augen auf. „Jetzt?", fragt er ungläubig. „Es ist doch erst nachmittags. Mama erlaubt das erst abends. Und Pizza essen wir nie."

Grinsend zieht Leo drei Tiefkühlpizzen aus dem Gefrierfach.

„Mama hat sicher nichts dagegen. Sie hat die Pizzen selbst gekauft."

„Super!", ruft Jasper und rennt ins Wohnzimmer. Jetzt eine Runde Trampolin springen auf dem Sofa – wenn es Pizza gibt, darf er das bestimmt auch. Und dann machen sich die drei eine tolle Zeit. Tine badet zwei Stunden lang

und probiert alle Cremes von
Mama aus. Auch die kleinen
Tuben und Stifte, die vor dem
Badezimmerspiegel stehen.
„Du bist ja ganz bunt", staunt Jasper,
als Tine in Papas Bademantel
und mit Mamas Lockenwicklern
im Haar wieder auftaucht.
Leo spielt im Wohnzimmer
mit Jasper am Computer,
dann darf Jasper
gleich drei Kinderfilme
hintereinander gucken. Anschließend hören sie laut Musik und tanzen wild
durchs Haus. Dazu gibt es Chips und Schokolade und Vanillepudding
mit Sahne und Erdbeersoße.
Irgendwann fallen Jasper die Augen zu. Leo trägt ihn hinüber in
sein Kinderzimmer. „Ich hab keine Zähne geputzt", flüstert Jasper.
Leo streicht ihm übers Haar. „Brauchst du heute nicht. Ist ein
besonderer Tag, Kumpel."

Als Jasper aufwacht, ist es draußen dunkel. Jasper wundert sich, dass er
sein T-Shirt anhat und keinen Pyjama. Da fällt ihm alles wieder ein.
Er lauscht. Wo sind Leo und Tine? Aus dem Wohnzimmer hört er leise

Stimmen. Jasper klettert die Leiter seines Hochbetts hinunter und tappt zu seinen Geschwistern.

Leo spielt wieder am Computer, Tine liegt ausgestreckt auf dem Sofa und guckt einen Film. Bestimmt eine Liebesschnulze. Das erkennt Jasper sofort, denn die Leute im Film küssen sich und heulen dabei immerzu.

Er kuschelt sich an Tine und sagt: „Da ist ein Krokodil unterm Bett."

„Hier ist krokodilfreie Zone", erwidert Tine und stellt den Fernseher leiser.

„Ich hab vorhin extra geguckt und alle Krokodile rausgeschmissen. Ehrenwort!"

„Das Krokodil ist ganz groß", sagt Jasper. „Es hat spitze Zähne, mindestens zweitausend, und einen langen Schwanz mit Zacken. Und einen Bauch, der ganz dick ist."

„Mensch, dabei hat das Krokodil bestimmt nicht so viel gefressen wie wir", meint Leo und schaut vom Computer auf. „Sollen wir nachsehen?" Jasper nickt. Er geht mit Leo und Tine in sein Zimmer. Leo leuchtet mit einer Taschenlampe in alle Ecken. „Kein Krokodil, Kumpel", sagt er und hilft Jasper,

wieder ins Hochbett zu klettern. „Hier, nimm die Taschenlampe, Jasper", meint Tine und zieht noch etwas hervor. „Und die ist auch für dich. Wenn was ist, pustest du hinein und wir sind sofort da."

Sie drückt Jasper eine kleine Tröte in die Hand.

Mit der Taschenlampe in der einen, der Tröte in der anderen Hand liegt Jasper wieder allein im Bett. Plötzlich fällt ihm ein, wie weit weg Mama und Papa sind. Und war das eben nicht ein Knistern unterm Bett? Ein vorbeifahrendes Auto wirft unheimliche Schatten an die Wand. Jasper bläst kräftig in die Tröte. Sofort stehen Tine und Leo vor seinem Bett.

„Wieder das Krokodil?", fragt Tine. Jasper nickt. Leo überlegt. „Ich glaube, da brauchen wir mehr als eine Tröte", sagt er. „Wir brauchen ein krokodilsicheres Bett. Am besten für uns alle."

„Au ja!", ruft Jasper.

Gemeinsam schleppen die drei erst Mamas, dann Papas Matratze in Jaspers Zimmer. Die eine Matratze legen sie unter Jaspers Hochbett, die andere lehnen sie an die Wand. Tine bringt alle Decken und Kissen, die sie finden kann. Zu dritt kuscheln sich die drei in ihr Lager. Es ist furchtbar eng, aber sehr gemütlich. „Hier passt kein Krokodil mehr hin", sagt Jasper, dann schläft er glücklich ein.

Eine Schwester für Julian

Julians Kita-Freund heißt Tom. Tom aus der Kita hat eine kleine Schwester. Sie ist noch ein Baby, aber Tom redet von nichts anderem, wenn Julian mit ihm zusammen auf dem Bauteppich sitzt. Und wenn Julian und Tom nachmittags aus der Kita abgeholt werden, ist Toms Baby immer dabei. Julian will auch so eine kleine Schwester.

„Oha, das geht nicht so leicht", sagen Mama und Papa beim Abendessen.

„Warum denn nicht?", will Julian wissen.

„Najaaa", meint Papa, „erst mal dauert es neun Monate, bis ein Baby da ist."

„Das weiß ich doch", erklärt Julian. „Mama kriegt einen dicken Bauch, und dann kommt das Baby raus."

„Najaaa", meint jetzt auch Mama, „ein Baby kann man nicht einfach bestellen. Damit klappt es nicht immer so, wie man das vielleicht gerne möchte. Weißt du Julian, nicht alle Kinder bekommen Geschwister."

Da gehen Julian die Fragen aus. Nachdenklich löffelt er seinen Erdbeerquark zu Ende.

Etwas später ist Schlafenszeit. Immer wenn Julian ins Bett geht, legt er alle seine Stofftiere neben sein Kopfkissen: den Bären Willi, das Lämmchen Wolke, das Murmeltier Momo, den Hasen Siri. Der ist nämlich ein Mädchen. Moment mal! Siri braucht ein eigenes Bett! Julian wuselt unter seiner Bettdecke hervor und holt den Schuhkarton, der bisher ein Auto war. Dann läuft er ins Badezimmer und fischt einen Waschlappen und ein kleines Handtuch aus dem Regal. Sie sind Siris Kopfkissen und ihre Bettdecke. Julian legt Siri in ihr Kinderbett und deckt sie sorgfältig zu.

„Das ist jetzt meine Hasenschwester", sagt er. Dann gibt er seiner kleinen Schwester einen Gute-Nacht-Kuss. Mama und Papa müssen sie auch küssen und ihr schöne Träume wünschen, genauso wie sie das immer bei Julian machen.

Der nächste Morgen ist ein Samstag. Julian geht nicht in die Kita, sondern begleitet Papa zum Einkaufen. Siri muss auch mit. Julian sucht einen großen Einkaufswagen mit klappbarem Kindersitz aus und setzt Siri dort hinein. Dann stellt er sich auf den Rand des unteren Drahtkorbes und hängt sich mit den Armen über den Rand des oberen. So kann er Siri in die Augen sehen. Papa schiebt. Siris süße dunkle Knopfaugen blitzen, wenn sie an den Supermarktregalen mit den vielen Sachen vorbeifahren. Es macht ihr Spaß.

„Wir fahren auf einem großen Segelschiff übers Meer", flüstert Julian ihr zu.

„Gerade kommt ein riesiges Containerschiff vorbei. Hier halten wir an.

Das Schiff hat ganz viele Nudeln geladen und Tomatensoße. Komm Siri,

wir sind Piraten und rauben es aus!"

Julian zieht Siri aus ihrem Kindersitz und räumt mit ihr 21 Nudelpakete

und 22 Soßengläser in den Laderaum ihres Einkaufswagen-Piratenschiffs.

Fette Beute! Julian und Siri kreuzen zufrieden ihre unsichtbaren Säbel.

„He, Julian!", empört sich Papa von hinten. „So viele Nudeln essen wir doch

nie im Leben!"

Das ist ja mal wieder typisch: Mit Siri schimpft Papa nicht, nur mit Julian.

Immer ist der große Bruder Schuld. Tom aus der Kita sagt das auch.

„Mensch Papa", gibt Julian zurück, „dann tauschen wir die Nudeln eben gegen Rum und einen Goldschatz. Siri und ich sind Piraten!"

„Ist dein Hase denn nicht mehr deine kleine Schwester?", erkundigt sich Papa.

„Doch, natürlich. Wir spielen doch nur!"

Jetzt ist Julian richtig sauer. Als ob man eine kleine Schwester einfach abschaffen könnte! Tom aus der Kita sagt auch, dass das gar nicht geht.

Mittags gibt es Spaghetti mit Tomatensoße, obwohl Papa den Großteil der Beute wieder ins Supermarktregal zurückgelegt hatte. Siri sitzt in Julians altem Kinderstuhl mit am Tisch und lässt sich die Piratenmahlzeit schmecken. Julian füttert sie mit einem Löffel. Siri ist noch zu klein, um selber zu essen. Später spielen Julian und Siri Müllmann. Sie streiten sich, wer den großen Müllcontainer

leeren darf und wer die Tonne nehmen muss. Siri nimmt sich einfach den großen Container, obwohl sie doch noch viel zu klein dafür ist. Prompt klappt der Deckel zu und sie klemmt sich die Pfote.

Jetzt blutet sie! Julian holt seinen Verbandskasten. Er wickelt einen Verband um Siris Pfote und klebt noch ein Pflaster oben drauf. Mama hilft ihm dabei.

Sicherheitshalber bringen sie Siri zum Kinderarzt ins Wohnzimmer.

Das ist Papa. Julian hält Siri im Arm, während sie abgehört wird und vom Papa-Kinderarzt eine Spritze gegen die Schmerzen bekommt.

Danach darf sie endlich wieder nach Hause.

Kleine Schwestern machen viel Arbeit. Tom aus der Kita sagt das auch.

Julian tröstet Siri noch ein bisschen. Dann legt er sie in ihr Kinderbett.

Nach dem Schreck muss sie erst mal ein bisschen schlafen.

Der Knappe Karl und das Burgfräulein

Acht Pferdehufe stampften gleichförmig über den erdigen Pfad, hellgrüne
Birkenblätter flimmerten in der Höhe. Karl und sein Papa ritten auf eine Burg
zu. Im letzten Winter hatte Karl seinen siebten Geburtstag gefeiert, und von
heute an sollte er als Page auf der fremden Burg dort oben leben. Ihm war
ziemlich mulmig zumute.

Vater und Sohn ritten durch das hohe Burgtor. Schon von Weitem hörten sie
ein lautes Gebrüll. Es klang nach wütendem Stier, oder schlimmer.

Karl rutschte das Herz in die Hose. Als er auf seinem Pferd um die Ecke in den Burghof einbog, sah er einen dicken, rotgesichtigen, schrecklich zornigen Ritter auf einem riesigen Schlachtross sitzen: Das war der Ritter Pankraz. Er brüllte Befehle, und seine Knechte und Knappen und Pagen rannten aufgeregt hin und her. Neben ihm, auf zwei kostbaren Stuten, saßen seine Edeldame und seine kleine Tochter Katherine.

Gleich am nächsten Morgen ritt Karls Papa wieder fort. Karl fühlte sich sehr allein. Doch zum Glück gab es das Burgfräulein Katherine. Sie lächelte ihn jedes Mal an, wenn er den Burgherren das Essen servierte und ihnen Wein nachschenkte. Sie nahm den kleinen Pagen Karl sogar in Schutz, als er eines Abends einen Schwall Wein verschüttete und der Ritter Pankraz so laut schimpfte, dass zwei Ritterrüstungen vor der Wand des Rittersaales scheppernd auf den Boden krachten. Komischerweise hatte Katherine überhaupt keine Angst vor ihrem Vater.

Am folgenden Nachmittag wollte sie mit Karl Ball spielen. Aber die größeren Knechte und Knappen auf der Burg lachten ihn aus.

„Spielst du etwa noch mit Mädchen?", lästerten sie. „Willst du später mal ein Ritter werden oder eine Memme?"

Von nun an ging Karl Katherine aus dem Weg, auch wenn er damit seine einzige Freundin verlor. Abends weinte er sich leise in den Schlaf.

Am folgenden Sonntag versammelte sich eine Jagdgesellschaft mit prächtig gekleideten Damen und Rittern im Burghof. Auch Karl durfte mitkommen. Nur Katherine musste zuhause bleiben, weil der Ritter Pankraz fand, die Jagd sei für sie zu gefährlich. Wütend stapfte Katherine in den Burgturm zurück.

Karl hatte Mitleid mit ihr, aber er schwieg, denn die anderen Jungen grinsten schon wieder hämisch.

Die Gesellschaft ritt aus der Burg hinaus in die Sommersonne und in den Wald hinein. Ein weißes Pferd schob sich neben Karls braunes. Darauf saß ein Junge in einfachen Wollkleidern. Sein Gesicht lag im Schatten einer großen Kapuze, aber seine Stimme klang freundlich und irgendwie vertraut: „Pst! Hey, ich bin Adam, der Sohn des Waffenmeisters. Wollen wir uns bei der Jagd zusammentun?" Karl nickte dankbar. Vielleicht fand er ja doch noch einen Freund auf der Burg.

Karl und Adam wurden ins Gebüsch geschickt, um Fasane aufzuscheuchen. Die Vögel sollten hoch in die Luft fliegen, damit die Erwachsenen mit Pfeil und Bogen auf sie zielen könnten.

Karl und Adam versteckten sich in den Büschen und versuchten, bloß keine Fasane zu erschrecken. Sie wollten nicht, dass auf die Tiere geschossen wurde. Als er so regungslos dahockte, hörte Karl plötzlich ein leises Fiepen. Neugierig suchte er zwischen den Gräsern und fand ein Fasanennest mit kleinen Küken.

„Die retten wir!", beschloss Adam. „Egal, wieviel Fasanenbraten die dicken Ritter heute auf den Tisch bekommen wollen".

So machten sie es, aber ein Knappe erwischte sie und verpetzte sie bei Ritter Pankraz und seinem Waffenmeister.

Mit gesenkten Köpfen standen die Jungen da, die Arme voller piepsender Küken. Der Waffenmeister schimpfte seinen Sohn aus: „Adam! Du solltest doch in der Burg bleiben und die Schwerter putzen!"

Karl nahm allen Mut zusammen und verteidigte seinen neuen Freund: „Ich war's, ich habe Adam dazu angestiftet!"

Daraufhin schob Adam die Kapuze zurück, und zum Vorschein kam –

Katherine!

„Adam sitzt in der Burg und tut genau das, was er soll, Herr Waffenmeister", sagte sie.

Der Ritter Pankraz hatte bisher geschwiegen, aber sein Gesicht war besonders dunkelrot angelaufen. Gleich würde er explodieren

wie noch nie, da war sich Karl ganz sicher. Und schon platzte der Ritter los. Doch was war das? Er lachte! Er lachte so schallend, dass es aus dem Wald und von den weit entfernten Felsen widerhallte.

Ein ganzer Schwarm Fasane flog auf, aber niemand kümmerte sich mehr um sie. Als der Ritter Pankraz sich endlich beruhigt und alle Lachtränen weggewischt hatte, lobte er Karl und Katherine.

„Jungvögel müssen geschont werden", dröhnte er, „das habt ihr ganz richtig gemacht." Er drehte sich zu Karl: „Mein junger Page, du hast einen edlen Charakter, weil du dich für deinen Freund eingesetzt hast."

Dann wandte er sich an Katherine: „Meine Tochter, ab jetzt darfst du uns mit Karl zusammen auf die Jagd begleiten."

Von da an lachte keiner mehr über Karl und Katherine.

342 neue Freunde für Ben und Jonte

„Jetzt werfe ich das Stöckchen ganz weit, Zorro!" Ben holt aus und wirft Zorros Stock über die Wiese. „WUFF!" Begeistert rast Zorro hinterher.

„Ich bin dran", ruft Jonte, als Zorro zurückkommt.

Abwechselnd spielen Jonte und Ben mit Zorro, während Papa ihnen folgt.

„Hey, was ist das denn?" Plötzlich bleibt Ben stehen und zeigt auf die Wiese am Fluss. „Wo kommen denn auf einmal die ganzen Schafe her?", staunt er.

Auf der großen Wiese drängen sich unzählige Schafe. Große Widder und kleine Lämmer. Schneeweiße, dunkelbraune und auch einige schwarze Schafe sind darunter.

Jonte und Papa sind ebenfalls überrascht.

„Da muss wohl gestern ein Schäfer vorbeigekommen sein", vermutet Papa.

Doch wo ist der Schäfer jetzt? Weit und breit ist niemand zu sehen.

Jonte, Ben und Papa beobachten die Schafherde, die eifrig Gras rupft.

„Geht nicht so dicht an den Zaun heran", warnt Papa die beiden. „Durch den dünnen Draht wird Strom geleitet. Das tut weh, wenn ihr ihn berührt."

„Deswegen laufen die Schafe also nicht weg", meint Ben, „denn sonst gibt es hier ja keinen Zaun. Hat den auch der Schäfer gebaut?"

Papa nickt. „Ich glaube schon", sagt er.

Zorro kläfft. Vorwurfsvoll legt er Jonte das Stöckchen vor die Füße.

„Zorro ist es langweilig", stellt Jonte fest.

Papa schaut auf die Armbanduhr. „Wir müssen sowieso nach Hause gehen, gleich gibt es Mittagessen. Aber vielleicht sind die Schafe ja morgen noch da, dann könnt ihr sie wieder anschauen."

„Hoffentlich!" Ben und Jonte drücken fest die Daumen.

Am nächsten Morgen laufen sie gleich nach dem Frühstück mit
Papa und Zorro zur Wiese.

„Die Schafe sind noch da!", freut Ben sich.

„Aber wo ist der Zaun?", ruft Jonte. „Der ist ja wieder weg."

„Dafür ist der Schäfer da", erwidert Papa lächelnd. „Seht ihr ihn?"

Jonte und Ben schauen sich suchend um. Vor ihnen ist ein Meer
aus Schafen, die grasend über die Wiese ziehen.

Zwischen den Schafen entdeckt Ben eine Gestalt
mit einem spitzen Hut. „Der sieht aus
wie ein Zauberer", sagt er lachend.
„Ein bisschen schon", meint Papa.
Der Schäfer hat sie jetzt auch
gesehen. Er bahnt sich winkend
zwischen den Schafen
einen Weg.

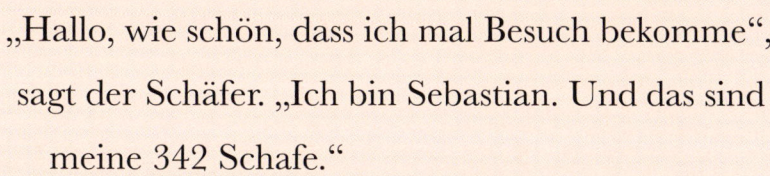

„Hallo, wie schön, dass ich mal Besuch bekomme",
sagt der Schäfer. „Ich bin Sebastian. Und das sind
meine 342 Schafe."

„So viele!", ruft Jonte. „Hast du sie alle
gezählt?"

„Und nicht nur das", antwortet Sebastian.
„Ich habe ihnen auch allen Namen
gegeben."

„Die Schafe sehen doch alle ähnlich aus.
Wie kannst du sie auseinanderhalten?",
will Ben wissen.

„Ich verbringe viel Zeit mit ihnen",
erzählt Sebastian, „da lerne ich sie gut
kennen. Für mich sehen sie ganz verschieden aus. Vor allem achte ich auf
ihre Augen und Ohren. Und natürlich auf das Fell. Das ist bei jedem Schaf
ein bisschen anders."

„Und warum laufen die Schafe nicht weg?", fragt Jonte. „Da ist doch gar
kein Zaun um die Wiese."

„Den brauche ich auch nicht", erwidert Sebastian, „denn dafür habe ich ja …"

In diesem Moment hören sie lautes Hundegebell. Das klingt ganz schön wild.

„Keine Angst, Zorro", sagt Ben schnell, als Zorro sich winselnd zwischen seinen
Beinen verkriecht. Ihm selbst ist aber auch mulmig zumute, deshalb nimmt er
Zorro auf den Arm und drückt ihn fest an sich.

Der Schäfer stößt einen kurzen Ruf aus, und in wenigen Augenblicken teilt

sich die Schafherde, und ein großes, zottiges Wesen stürmt auf sie zu.

„Platz", sagt Sebastian, schon fällt der Hund auf den Bauch. Wenige Sekunden

später kommt ein zweiter Hund angerannt, der neben seinen Gefährten plumpst.

„Die beiden sehen gefährlich aus", sagt Jonte und tritt sicherheitshalber

einen Schritt zurück.

„Bo und Flo sind ganz lieb", erklärt Sebastian. „Nur, wenn jemand ihrer

Herde etwas zuleide tun will, werden sie sauer. Und außerdem passen sie

auf, dass meine Schafe nicht weglaufen. Mit den beiden brauche ich

also gar keinen Zaun."

Den ganzen Vormittag bleiben Jonte, Ben und Papa bei Sebastian. Der zeigt

ihnen auch, wo er schläft: im Schäferwagen, der sehr gemütlich ist. Natürlich

mit lauter Schaffellen.

Am Abend lächelt Papa nach dem Abendbrot geheimnisvoll.

„Zieht euch warm an, wir machen einen Ausflug", kündigt er an.

„Und wozu brauchen wir die Schlafsäcke?", fragt Ben neugierig, doch das will

Papa noch nicht verraten.

Kurz darauf erreichen sie den Schäferwagen. Sebastian hat davor ein großes

Lagerfeuer angezündet. Es gibt gebackene Kartoffeln am Stock.

„Heute dürfen wir drei bei Sebastian und den Schafen übernachten", sagt Papa.

Ben und Jonte jubeln. So eine Überraschung! Auch Sebastian freut sich über

die Gesellschaft.

„Wisst ihr, was Schäfer besonders gut können?", fragt er. „Wir hüten

nicht nur Schafe, wir kennen auch die schönsten Geschichten."

Und schon beginnt er zu erzählen.

Der Ritter, der nicht kämpfen mochte

Ritter Ragnar liebte es, Blumen zu pflücken, im Musikzimmer auf den Instrumenten zu spielen und in der Bibliothek des Königs in dicken Wälzern zu schmökern. Nur eines mochte er ganz und gar nicht: Wettkämpfe und Rangeleien.

„Aber das ist es, was Ritter gerne tun", sagten Ritter Dagobill und Ritter Siebenschön vorwurfsvoll. „Wir kämpfen und ringen und messen unsere Kräfte. Dafür sind Ritter da!"

Ritter Ragnar fand das gar nicht. „Schon wieder", stöhnte er, als der König beim Frühstück verkündete, ein Ritterturnier zu veranstalten.

Von nah und fern strömten Ritter und schaulustiges Volk herbei, denn so ein Fest wollte sich niemand entgehen lassen. Außer Ritter Ragnar. Er schmierte sich eine Stulle, dann machte er sich unauffällig auf den Weg in den Schlossturm, um die Wolken zu beobachten.

„Hiergeblieben!", rief eine laute Stimme und packte den Ritter an seinem Hemd. „Wo willst du hin, Ragnar?", fragte der König streng. „Willst du dich heimlich verdrücken? Nichts da! Ich veranstalte ein Turnier und du nimmst gefälligst daran teil. Wie stehe ich denn da? Ein Ritter, der nicht kämpfen will. Du machst mich ja zum Gespött der Leute."

Ritter Ragnar ließ den Kopf hängen. Was sollte er tun? Er mochte den König, aber Kämpfen mochte er nicht. Doch als auch noch die Königin, die vier Prinzessinnen, der Prinz und sogar der Hofnarr auf ihn einredeten, fiel Ragnar beim besten Willen keine Ausrede ein. Also schlurfte er in seine Kammer und holte die Ritterrüstung hervor. „Die ist ja ganz rostig", sagte Ritter Ragnar. „So kann ich nicht auf den Turnierplatz. Aber Zitronen wirken Wunder."

Er rannte in den Garten und pflückte drei Zitronen vom Baum. Nachdem er den Saft der Zitronen über die Rüstung gekippt und eine Weile auf ihr herumgewienert hatte, glänzte das Metall in der Sonne.

„Sieht fast wie neu aus", sagte der Ritter zufrieden. „Jetzt mein Schwert."

Doch das Schwert war staubig und stumpf. „So kann ich nicht kämpfen", sagte der Ritter, auch wenn in der Ferne schon die Trompeten erklangen, um die Ritter auf den Turnierplatz zu rufen. „Lieber ein bisschen spät und gut ausgerüstet, als zu früh und unfertig zum Wettkampf kommen."

Ritter Ragnar huschte in die Schlossküche und setzte sich an einen der Wetzsteine, mit denen der Koch die Messer schliff. Es dauerte eine ganze Zeit, bis das Schwert schön scharf war.

Inzwischen hatten sich alle Ritter vor dem König aufgestellt, der eine Rede hielt.

„Jetzt muss ich mich beeilen", sagte sich Ritter Ragnar, „sonst wird der König sauer."

Auf dem Weg zum Kampfplatz sah er zufällig sein Spiegelbild.

„Wie sehe ich denn aus?", rief Ritter Ragnar erschrocken. „Ungekämmt und struppig. So darf sich ein Ritter nicht zeigen."

Er stellte Schwert und Schild beiseite und lief zurück in seine Kammer, um sich dort vor dem Spiegel ausgiebig zu frisieren.

Durch die Fensteröffnung drang lautes Geschrei und Tumult.

„Aha, sie kämpfen schon", dachte Ritter Ragnar. „Was soll's? Dann fange ich eben eine Viertelstunde später als die anderen an."

Er schlenderte hinüber zum Turnierplatz, von dem immer lauteres Gebrüll erschallte.

„Die sind aber eifrig heute", murmelte Ritter Ragnar und hatte immer weniger Lust, sich zu prügeln. Doch als er den Turnierplatz erreichte, bekam Ritter Ragnar einen Schrecken: In einer Ecke bibberten der König, die Königin, die vier Prinzessinnen, der Prinz, die adligen Gäste und der übrige Hofstaat. In einer anderen Ecke hatte sich das Volk zusammengekauert. Und dazwischen standen alle Ritter in einem Knäuel zusammengedrängt. Denn in der Mitte des Turnierplatzes stand ein Drache.

Es war ein schrecklicher Lärm, der Ritter Ragnars empfindliche Ohren quälte. Alle schrien und jammerten lauthals durcheinander. Der Drache fauchte, brüllte, zischte.

Ritter Ragnar seufzte. Da konnte nur eines helfen. Er legte Schild und Schwert in den Sand und lief zurück ins Schloss. „Ragnar!", schrie der König. „Bist du verrückt geworden? Du bist unsere einzige Hoffnung! Du kannst doch jetzt nicht einfach abhauen wie ein Feigling. Los, kämpfe für uns, Ragnar!"

Ragnar achtete nicht auf den König. Er rannte ins Schloss und kehrte kurz darauf mit einer der Harfen aus dem Musikzimmer zurück. Fassungslos starrten alle ihn an, als Ritter Ragnar sich vor das Ungetüm stellte.

Der Drache schnaubte verwirrt: Wollte der Ritter etwa nicht mit ihm kämpfen? Da begann Ragnar auf der Harfe zu spielen. Die schönsten Klänge ertönten, und der Drache wurde ganz still und sanft. Eine Träne kullerte ihm aus dem Auge.

Als Ragnar sein Spiel beendet hatte, bedankte der Drache sich bei ihm, bevor er davonflog.

„Drachen lieben Musik", erklärte Ragnar. „Und ganz besonders Harfenklänge. Das steht im Buch ‚Drachenzähmen für Ritter', das ich in der Bibliothek entdeckt habe."

„Du hast uns alle gerettet!" Der König fiel seinem Ritter um den Hals. Er war im Nachhinein sehr froh, dass Ragnar sich nur für Musik und Bücher interessierte, und nicht für Wettkämpfe. „Dafür hast du einen Wunsch frei."

Ritter Ragnar überlegte nicht lange. „Nie wieder kämpfen", sagte er. „Das sei dir gewährt", antwortete der König.

Der kleine Bär wird übermütig

„Ich hab ausgeschlafen!" Rasmus stupst Mama an, die sich leise brummend auf die Seite dreht. Der kleine Bär trottet aus der Höhle und streckt sich ausgiebig in der Morgensonne. Er fühlt sich gut. Er fühlt sich stark. Er könnte Bäume ausreißen.

Auf dem Hügel am Fluss trifft Rasmus seine Freunde Ede Waschbär, Bernie Fuchs und Emma Hase.

„Wollen wir spielen?", fragt Rasmus.

„Na klar!", rufen die anderen.

Übermütig kugelt Rasmus den Hügel hinunter.

„Wer schafft die meisten Purzelbäume?", fragt er, und schon kullern alle los.

„Jetzt hopsen wir um die Wette", schlägt Rasmus nach einer Weile vor.

Die vier hüpfen über die Steine im Fluss. Dann quer über die Wiese.

Vorwärts, rückwärts, seitwärts. Schließlich plumpst Bernie ins Gras.

„Ich brauche eine Pause", schnauft der kleine Fuchs.

„Eine Pause ist gut. Wie wäre es denn mit einem Picknick?", fragt Rasmus.

„Wo bekommen wir denn jetzt ein Picknick her?", will Emma wissen.

„Ich weiß, wo ein Bienenstock versteckt ist", verrät Rasmus und grinst.

„O je, ist das nicht gefährlich?", fragt Ede.

„Ach was", winkt Rasmus ab. „Das ist ganz leicht. Passt auf."

Er schleicht durch das Gebüsch zum Bienenstock. Rasmus hört ein lautes Summen.

Zögernd bleibt er stehen. Soll er wirklich den Honig holen? Ganz allein? Er hat

oft dabei zugesehen, wie Mama das gemacht hat. Rasmus schaut sich um

und sieht, wie hinter ihm Bernie, Ede und Emma warten.

„Jetzt bloß nicht kneifen!", denkt er.
Mit gesenktem Kopf läuft Rasmus zum
Bienenstock, greift hinein, schnappt

sich eine Honigwabe und flitzt davon.
Der Honig tropft auf sein Fell. Mmh, das riecht lecker.
Da ruft Bernie: „Achtung, Rasmus, hinter dir!"
Rasmus erschrickt, als er die aufgebrachten Bienen sieht. Empört
summend fliegen sie hinter ihm her. Wie eine dunkle
Wolke, die über den blitzblauen Himmel zieht.
Rasmus läuft im Zickzack über die Wiese,
doch er kann die Bienen nicht abschütteln.
Sie kommen immer näher. Da hat Rasmus
die rettende Idee: Er springt kopfüber in
den Fluss und schwimmt ein ganzes Stück
unter Wasser. Prustend taucht er wieder
auf. Von den Bienen ist nichts mehr zu
sehen. Mit nassem Pelz läuft Rasmus
zu den anderen. Nicht einen einzigen
Stich hat er bekommen.

„Puh, Glück gehabt", keucht Rasmus, „doch ich habe den Honig im Wasser verloren."

„Hauptsache, dir ist nichts passiert", tröstet ihn Ede. „Und was machen wir jetzt?"

„Wir klettern um die Wette. Wer zuerst am Baum ist!", ruft Rasmus und läuft schon wieder los. Zum höchsten Baum am Waldrand.

„Ich fang an", sagt Emma und hopst hoch in die Luft. Sie greift nach einem der unteren Äste und zieht sich daran hoch. „Macht das erst mal nach", ruft sie lachend.

„Kein Problem", erwidert Bernie. Er hat sich aufmerksam die abstehenden Äste angesehen. Nun springt er von einem zum anderen, wie auf einer Leiter. Ein Stückchen über Emma macht er Halt. Da kommt schon Ede an ihm vorbeigeklettert und macht es sich in einer Astgabel gemütlich. „Jetzt bist du dran", ruft er.

„Ich komme", antwortet Rasmus. Geschickt klettert er am Stamm hoch. „Willst du etwa noch höher klettern?", fragt Ede, als sich Rasmus an ihm vorbei von Ast zu Ast hangelt.

„Ja, oben wachsen Beeren", sagt Rasmus. „Dort will ich hin!"

„Da sind die Äste doch so dünn",
meint Ede. „Das ist gefährlich. Komm
lieber wieder herunter."
Doch Rasmus hört nicht. Er klettert höher
und höher, bis er die Baumkrone erreicht.
Von hier oben hat er eine tolle
Aussicht. Jetzt pflückt Rasmus die
knallroten Beeren und versucht,
so viele wie möglich in einer
Pfote zu sammeln.
„Ich komme jetzt runter", ruft
Rasmus. Doch das ist gar nicht
so einfach. Als er auf einen Zweig
steigen will, bricht dieser ab.
Rasmus rutscht ein Stück herunter.
Hilfe!
Im letzten Moment greift er nach einem
anderen Ast. Doch jetzt muss Rasmus sich
mit beiden Pfoten festhalten. Dabei verliert er
die Beeren. Ängstlich schaut Rasmus nach unten.
Plötzlich kommt ihm der Boden sehr weit weg vor.
Unten entdeckt er seine Freunde – winzig klein –, die ihm
mit aufgerissenen Augen zusehen.

„O je!", murmelt Rasmus. „Was mache ich denn nun?" Er traut sich nicht

vor und nicht zurück. Da hört er ein Flügelschlagen.

„Ich helfe dir, Rasmus", sagt der Rabe Balthasar, der plötzlich neben ihm

aufgetaucht ist. Balthasar fliegt neben Rasmus her und verrät ihm, welche

Zweige stark genug sind, um ihn zu halten. Endlich erreichen sie den Boden.

Erleichtert bedankt sich Rasmus bei dem Raben: „Ohne dich hätte ich

es nicht geschafft!"

„Na, willst du jetzt immer noch Fangen spielen?", fragt Emma.

Rasmus schüttelt den Kopf.

„Habt ihr Lust auf ein Picknick?", fragt Ede.

„Aber der Honig ist doch weg", meint Rasmus. „Und die Beeren

habe ich auch verloren."

Ede holt die Honigwabe hervor. „Die habe ich eben aus

dem Fluss geholt, als du auf dem Baum warst."

Alle sind begeistert.

Den Rest des Tages
verbringen die Freunde
auf der Wiese,
naschen Honig
und lassen sich die
Sonne auf den
Bauch scheinen.
Ganz gemütlich!

© Schwager & Steinlein Verlag GmbH
Emil-Hoffmann-Straße 1, D-50996 Köln
Geschichten von Brigitte Hoffmann (S. 10, 38, 44, 62, 86, 98, 104)
und Lena Steinfeld (S. 4, 16, 22, 28, 32, 50, 56, 68, 74, 80, 92, 110, 116, 122)
Illustrationen von Maja Wagner
Gesamtherstellung: Schwager & Steinlein Verlag GmbH